オンラインでも好かれる人・信頼される人の話し方

THE WAY SOME PEOPLE MANAGE TO BE LIKED AND TRUSTED EVEN ONLINE

桑野麻衣
MAI KUWANO

CROSSMEDIA PUBLISHING

あなたは、人に**「好かれる」「信頼される」**
コミュニケーションができているでしょうか？

相手への好意や敬意、自分の思いや考え、
伝わっていると思い込んでいませんか？

会議・営業・プレゼン・面接・セミナー……
本当に成果につながっているでしょうか？

近年、オンラインツールを使用した
画面越しのコミュニケーションの機会も非常に多くなりました。

「画面越しだと、ちゃんと伝わっているか不安になる」
「反応がわかりにくく、話を進めづらい」「自分の意見を挟むのが難しい」

そんな、オンラインならではの悩みの声も聞かれます。

しかし、実はそんなオンライン時代こそ、
真のコミュニケーション力を磨く大チャンス。

これを機に、コミュニケーションを見つめ直してみませんか？
オンラインでもオフラインでも
あなたの「ココロ」を**相手に伝わる「カタチ」として表現**できるようになれば、
あなたのコミュニケーション力は格段に磨かれます。

オンもオフも関係なく、伝えたいことが伝わり、相手の思いや考えが理解でき、
お互いにもっと気持ちのよいコミュニケーションができるようになります。

新しい時代のコミュニケーション力を身につけて、
今日から人生を変えていきましょう！

はじめに

数ある本の中から本書を手に取っていただき、誠にありがとうございます。
著者の桑野麻衣と申します。

2019年より働き方改革が進む中、2020年は新型コロナウィルスの影響により、私たちの生活や職場では大きな変化が生まれました。テレワークやリモートワークといった言葉が当たり前のように使われるようになり、これまで対面でコミュニケーションを取っていた場面もオンラインで済むことも増えました。すっかりオンラインツールを使用したコミュニケーションが私たちの生活の一部になりました。

コロナによってテレワークを余儀なくされたことで、その便利さや快適さを知り、完全なるテレワーク移行は難しいものの、今後も新しい働き方として検討している企業が増え続けることは明らかです。リアルとオンラインとではそれぞれの優位性が異なるため、両方の特性を知った上で適応していく必要性も出てきました。

このようにオンラインとリアルのコミュニケーションが共存する今、私たちビジネスパーソンは一体どのようなコミュニケーション力が求められるのでしょうか。

すでに多くの専門家たちがウィズコロナ・アフターコロナに必要なコミュニケーション力はどのようなものか、考察し語った記事もたくさん出てきます。長きにわたり海外とのやりとりが多くオンラインコミュニケーションに慣れている方。以前からオンライン上のやりとりで成り立っている業界や企業の方。正解は一つではないし、何が正しいのかも正直わかりません。他のことにも言えることですが、さまざまな考え方に触れ、一人一人が答えを持っておくことが大切であると考えます。それを踏まえた上でここでは私の個人的な思いを述べたいと思います。

私はこの本を執筆するにあたり、大きく分けると2つの考え方に触れ、悩みました。「オンラインとオフラインはまったくの別物である」という考え方と、「オンラインとオフラインは根本的には同じである」という考え方です。

結論から言うと私は後者の考え方に行き着きました。だからと言って、前者を否定しているわけでも、間違っていると思っているわけでもないことはご理解ください。

前者の「オンラインとオフラインはまったくの別物である」という考え方もよく理解できます。そもそもオンラインとオフラインでは役割が違い、ゴールも違うのだから、オンラインならではのテクニックを学ぶべきという考えですね。オンラインでは伝達を主な目的としている分、余計なストレスを感じないためにも顔を映す必要はないといった意見も出ているようです。確かにそうだなと思いつつ、少しだけ複雑な気持ちになったのも事実です。

私自身も企業研修やオンラインサロンをホスト側で行ったり、少人数の打ち合わせや勉強会から千人を超えるウェビナーに参加するなど多くのオンラインコミュニケーションを体験してみました。そうしていくうちに、オンラインやオフラインというのはコミュニケーションにおいてはただの手段の違いにすぎないと感じたのです。コミュニケーションであることには変わりないのだから、どちらにしてもゴールは「好かれて信頼される」ことであると強く思いました。それにより、自分のことも相手のことも幸せにすることがコミュニケーションの本質であるという気持ちは変わりませんでした。

オンラインだけに求められてオフラインでは求められないコミュニケーション力もなければ、オフラインだけに求められてオンラインでは求められないコミュニケーション力もありません。オンラインコミュニケーションであっても、オフラインコミュニケーションで得られる効果に少しでも近づけるためにはどうすれば良いのか、という視点でこの本を書き上げようと決めました。この本の読者様には**オンラインコミュニケーションでもこういう工夫をすれば、相手から好かれたり、信頼されるということ**をお伝えしたいと思い、執筆にあたりました。

ただ、実際にオンラインでのコミュニケーションの機会が増えたことで、新たな課題も見えてきたのも事実です。これまで対面での営業でなら成績を出していたビジネスパーソンが、オンラインでの商談ではなかなか結果が出せなくなったり……。

初対面においてオフラインであれば気にならなかったことも、オンラインの場では細かいことが気になってしまい「今後直接会って話すことはないだろうな……」と思った経験も何度かあります。優劣をつけることは難しいですが、親しくなったり、信頼関係を構築していくにはオンラインのみのコミュニケーションでは限界があることを実感しました。

しかし、それと同時に**オンラインコミュニケーションが増えても、好印象で信頼感を維持することができ、対面の時と変わらずに結果を出し続けている人が存在するのも事実**なのです。オンライン上でのやりとりから「この人とはぜひ一度直接お目にかかりたい！」と思える人もいます。彼らはオンラインコミュニケーションの中でも、まるで対面でのやりとりをしているかのように、距離を上手に縮めることができています。

思えば私もこれまで航空会社やテーマパークといったリアルな接客業から、通販業界というオンラインに特化したコミュニケーションの世界まで、その両方を経験してきました。講師として独立当初はオフラインでの企業研修や講演業がメインでしたが、今ではオンラインツールを使用した企業研修やオンラインサロン運営、Youtube配信などオンラインでのコミュニケーションが一気に増えています。

それらの経験から、オンラインやオフラインに限らずコミュニケーション上手な人は何を大切にしているのか、オンラインでもリアルとさほど変わらない、あるいはそれ以上に成果を出すコミュニケーションを取るためにどのようなことを心がけているのかを1冊の本にまとめました。

オンラインでもリアルでも通用するコミュニケーション力を急に求められ、日々試行錯誤されているビジネスパーソンのみなさまに何かお役に立てましたら幸いです。

本書ではすぐに日々の生活に取り入れられるテクニックやノウハウにも触れますが、決してオンラインコミュニケーションにおいての小手先のテクニック集ではありません。**小手先のテクニックで好かれるなら、とっくにコミュニケーションに悩む人はいなくなっているはずです。**はっきりと言っておきますが、一般のビジネスパーソンでオンラインでのみ好感が高い人には正直出会ったことがありません。

よって、改めて「人とのコミュニケーションにおいて大切なことは何なのか」といった本質的で普遍的な内容から、「オンラインでもリアルに少しでも近づけられるコミュニケーション術」をご紹介します。

オンラインコミュニケーション、オフラインコミュニケーションが共存する今こそ、私たちにとって真のコミュニケーション力を磨くチャンス。

コミュニケーションには正解が1つではないように、オンラインコミュニケーションにも正解はありません。この本があなたにとって人と関わる上で本当に大切にしているものは何なのか、何を大事にして生きていきたいのかを考え、見つけるきっかけになってくれることを心より願っています。

第1章 どんな状況でも好かれる・信頼される、よい関係を築く話し方

ファシリテーション力

第2章

ひと目で好かれる・信頼される、印象をよくする話し方

印象力(視覚)

印象力（言語）

第3章 はっきり言っても好かれる・信頼される、上手に伝える話し方

アサーション力

言語化能力

序　章

オンラインとオフラインで変わること、変わらないこと

POINT

01 「察する力」は敏感でも「表現力」が乏しいと……

コミュニケーションとはココロをカタチにすること

コミュニケーションという言葉の定義をはじめにしておきましょう。定義は人それぞれですが、私はコミュニケーションとは「ココロ」を「カタチ」にすることだと定義しています。コミュニケーション力というのは、ココロをカタチにする力であり、表現力とも言えます。ですから、決して生まれつきコミュニケーション力の高低が決まるのではなく、誰もがいつからでも磨くことのできるスキルなのです。

オンラインやオフラインに限らず、表現することが大切です。対面でのコミュニケーションでは五感を使って表現できますが、オンライン上では基本的に視覚と聴覚の二感（以下）に限られた表現になります。そのため、対面であれば相手にスムーズに伝わるものも、オンラインになるとどうしても伝わりにくくなってしまうのです。**私たち日本人が得意とする、「察すること」や「空気を読むこと」がオンラインでは困難になるため、普段は持ってしまいがちな「多くを語らずとも、相手に察してほしい」という気持ちをいったん捨てる必要があるでしょう。**ぜひ、これを機に「ココロ」を「カタチ」にでき、「表現できる」ビジネスパーソンが増えると良いなと個人的には思っています。

人は誰もが感情を持ち、目の前の相手に対して感謝や申し訳ないという「ココロ」があります。しかし、私たち日本人の中にはそれを「カタチ」として表現することが苦手な人が多いのです。感謝しているのに笑顔ではなく無表情であったり、申し訳ないと思っているのにぶっきらぼうに「あ、すいません」と軽く頭を下げるだけであったり。あなたもそのような態度を他人に取られた経験はないでしょうか。

表情や話し方、言葉遣いといった「カタチ」が表現されていなければ、そもそも「ココロ」がないとみなされてしまいます。これは難しいことでも何でもなく、職場でも同様のことが言えます。やる気があるという「ココロ」をアピールしているのに、いつも遅刻をして、1日中ぼーっとしていて、誰よりも早く帰る社員がいたとしましょう。やる気がありそうな「カタチ」がどこにも表現されていなければ、「ココロ」そのものもないものとされてしまいますよね。コミュニケーションも同じなのです。

数年前、フィリピンのセブ島にてコミュニケーション講演をする機会をいただきました。その際、改めて日本人のコミュニケーション力を見つめ直すきっかけがあったのです。日本はおもてなしの国として、ホスピタリティ溢れる国として世界に知られています。日本人の礼儀正しさやきめ細やかな心遣いが賞賛されることも多いです。しかし、「コミュニケーション力が高い国」という印象は世界からあまり持たれておらず、私たち自身も「日本人はコミュニケーション力が高い」という認識は持っていない人が多いのが現状です。

それに対して、2012年にワシントン・ポストの記事で取り上げられた、世界150ヶ国の国と地域で感情分析をした調査結果では、世界一笑顔が多く感情表現が豊かな国（コミュニケーションが豊かな国）はフィリピンなのだそうです。それが正しいかどうかは別として、日本がホスピタリティ溢れる国であるのに、コミュニケーション力は高い国と言われないという矛盾に私は疑問を持つようになりました。**「ココロ」は繊細で豊かな人が多いのに、「カタチ」にすることが苦手でコミュニケーションや人間関係に悩む人が多くいることに気がついたのです。**

これはあくまで私の持論にすぎませんが、日本人には「察する」「空気を読む」という古き良き文化があり、表現しないことが美徳とされるところが影響を及ぼしているように思えるのです。小さい時から母親が大事な日の前日には好物を作ってくれたり、父親が忘れ物をしないように玄関先に必要な物を置いておいてくれたり……。

一番身近に察知力のプロがいたわけです。すると知らず知らずのうちに、自分から何かを言わなくても相手は気がついてくれる、理解してくれるとどこか甘えてしまうところがあるのではないでしょうか。もちろん相手が何を思っているのか、察しようとすること自体は悪くありません。ただ、相手は赤の他人であり、少ない情報の中から勝手に思い込み決めつけることでコミュニケーションに支障をきたしては本末転倒です。闇雲に察しようとすることよりも、相手が何を伝えようとしているのかを理解しようと歩み寄り、「このように理解しましたが、この認識で合っていますか？」と勇気を持って聞く（表現する）ことのほうが大切なのです。

察する力は敏感なのに表現する力が乏しければ、コミュニケーションのストレスや人間関係のトラブルが多くなるのは当然です。ぜひ、このオンラインとオフラインのコミュニケーションが共存する今だからこそ、私たち日本人が苦手としてきた「ココロ」を「カタチ」にする、「表現する」コミュニケーション力を磨いてほしいと思います。そうすることで職場や家族といった他者との関わりの中で悩むことが減り、自分らしく生きやすくなるはずです。ぜひ共にホスピタリティに溢れ、コミュニケーション力も高い国を目指していきましょう。

POINT

02

オンラインでも感じのいい人、悪い人

コミュニケーションの本質を理解していますか？

コロナの影響により、コミュニケーションの専門家として「オンラインコミュニケーションを取る際のポイント」についてメディアから意見を求められることが多くなりました。それに伴い、私も毎日のようにオンラインツールを使用したセミナーやイベントを受講する側も主催する側も経験しました。人数も2人～1000人規模、相手も初対面の取引先から気心知れた友人など。ありとあらゆる場面でオンラインツールを利用し、今でも自分なりに日々研究を続けています。

そもそも、すでにリアルでの信頼関係が構築できている場合はオンラインコミュニケーションでもさほど支障はない印象。しかし、初対面の相手との打ち合わせや金銭のやりとりが発生する場面では勝手が違ってきます。対面でのコミュニケーション以上にコミュニケーション力や印象力が必要であるように思いました。**パソコンのスクリーン越しだからなのか、お互いに冷静に相手の全体像を見ています。**そのため対面よりも早いタイミングで相手の印象が決まってしまうだけでなく、相手を評価するケースまで多くあるのです。

このような経験を重ねていくうちに気がついたことがあります。

初対面がオンライン上であった人に対して、大きく分けると2つのパターンに印象が分かれたのです。「ぜひこの人とは一度直接お目にかかりたい！」と思えた人と、「この人はオンラインのやりとりだけで十分だな」と思ってしまった人。あなたも同じような経験はないでしょうか。

実際にオンラインの場が初対面で、その後リアルでお会いする機会も何回かありましたが、そこで大きく印象が変化したケースは正直少なかったのです。オンラインで感じが良いなと思った方は、リアルではもちろん感じが良い。オンラインであまり印象が良くなかった方はほんの一部を除いて、リアルでもあまり印象の良い人はいませんでした。悲しいけれどそれが現実です。

私自身も何度かオンラインでのコミュニケーションのコツについて発信する機会がありました。その度に痛感するのは日頃から人に感じよく接しようとしている人ほど、オンライン時により気をつけなければと学ぶ姿勢があるということ。元々その感度が鈍い人というのは、オンラインになるとより悪印象になってしまいがち。リアルな場でのコミュニケーション力や印象力に比べて、オンラインの場ではその差がさらに広がってしまいます。

オンラインコミュニケーション云々の前にコミュニケーションには大切なことがあります。あなたは『**型があるから型破り。型がなければそれはただの形無し。**』という言葉を聞いたことがありますか？　今は亡き歌舞伎役者の中村勘三郎さんの言葉として有名で、私も座右の銘にしているほど大好きな言葉です。

これは読んで字のごとく、型がある人間だから型破りができるのであって、型すらないのであれば単なる形無しにすぎない、という意味です。

実際にこの言葉がよく使われる歌舞伎や落語の世界はもちろん、私たちが子どもの頃に触れたスポーツや音楽、書道、絵画などにおいても必ず基礎を徹底的に練習してから応用に発展していきましたよね。

コミュニケーションについても同じことが言えます。オンラインコミュニケーションのコツを小手先のテクニックとして学んでも、真のコミュニケーション力を得ることにはつながりません。そもそもコミュニケーションとは何なのか、基本を理解し学ぶ必要があります。その上で、リアルの時に加えてオンラインではより気をつけるポイントを学んでほしいと思います。

オンラインやリアルというのはあくまで手段の一つにすぎません。**目的は目の前の相手と気持ちの良いコミュニケーションを心がけ、信頼関係を構築すること。**そこを忘れないでくださいね。

ただ、誤解のないようにお伝えしておきたいことがあります。私は決して、対面でのコミュニケーションが苦手な人はオンラインコミュニケーションが上手になることはないと言っているのではありません。実際に「対面でのコミュニケーションは緊張するけれど、オンラインであれば少し緊張感がなくなる」という人も多くいます。そういう人たちが、まずはオンラインでコミュニケーション力を鍛えるというのは素晴らしいと思います。それにより人との会話における苦手意識が消え、リアルでのコミュニケーションも楽しめるようになったら素敵なことですよね。コミュニケーションの目的そのものを見失っていなければ何も問題ありません。どちらかだけということではなく、ゆくゆくはどのような状況においても好かれて信頼されるコミュニケーションを取れるようになれば良いわけです。

ぜひこの機会にあなたにとってコミュニケーションで大切にしていることは何なのか、何を成し遂げたいのかをよく考えてみてください。そうすることで、改めてコミュニケーションの型を学び直すきっかけになれば幸いです。

POINT

03 コミュニケーション力は「自己成長力」に直結する

コミュニケーション力が必要な真の理由

突然ですが、あなたはビジネスパーソンに必要なコミュニケーション力とはどのようなものだと思いますか？

社会人にはコミュニケーション力が大事だとよく言われます。コミュニケーション力というのは非常に広い意味を持ち、人によって定義もさまざま。ここで意味するコミュニケーション力が具体的にどのようなものかを理解していなければ、コミュニケーション力を高めようもなく、課題を知ることも難しくなります。

社会人はそもそもなぜコミュニケーション力が高いほうが良いのかも踏まえ、２つのキーワード「好かれる」「信頼される」の両立についてお話しします。

社会に出るということは組織に所属するにしろ、しないにしろ基本的には「自分以外の他者」が存在します。学生の頃とは違い、年齢も価値観も多種多様な人たちと関わる必要性が出てきます。社内外問わず、他者と接する中で信頼関係を構築し仕事をしていくためにはコミュニケーション力が必要不可欠なのです。

私自身これまで多くの企業で、3万人以上のビジネスパーソンの育成に携わってきました。仕事では個人の能力そのものも大事ですが、**社会人というのは「他者との関わりでどれだけ多くの経験値を積み、成長していけるのか」がより重要である**ことを知りました。自分だけの能力でできる仕事は限られています。できれば若いうちから先輩や上司に〝応援される〟人物になることで、新しい仕事を早くから任されたり、上司の仕事に同行させてもらえたりとチャンスを増やすことをおすすめしています。若いうちに成功体験も失敗体験も積み重ねることができた人は、自分自身の成長スピードを加速させることができるからです。〝応援される〟人は経験値を重ねることで、いつしか〝頼られる〟〝任される〟人にもなっていくのです。

今思えば大変お恥ずかしながら、私が新入社員の時には最も間違ったコミュニケーションを取っていました。当時の私はとにかくミスをしたくない、できる新人と思われたいという気持ちが強く、先輩や上司とのコミュニケーションは必要最低限のみ。ミスすることを恐れているので、無意識のうちに難しい仕事や新しい仕事を遠ざけていました。失敗もしなければ、これといった成功もない。結果的に何かを任せてもらえることもなく、自ら成長する機会を失った1年でした。社会人2年目になった時に、同期との圧倒的な経験値と自信の差に愕然としたのを今でも覚えています。

社会人がコミュニケーション力を高めたほうが良い理由はご理解いただけたでしょうか。周りに応援され、後に頼られ任される人物となることが何よりまず大切なのです。

それを踏まえた上でそのようなビジネスパーソンに共通する特徴を2つのキーワードと共にご紹介します。

この本のタイトルにもあるように、私は**結果を出し続けるビジネスパーソンとは「好かれる」と「信頼される」を両立させたコミュニケーション力を持っている**と思っています。親しみやすさと信頼感のバランスが非常に良く、どちらかに偏っていないのが特徴です。

親しみやすさや好感度が高いことは人として大切ですが、それだけではビジネスは成り立ちません。クライアントと仲良くはなるけれど契約には至らなかったり、価格交渉で不利な立場になったりした経験はないでしょうか。結果的に社内でも思うように評価をされなくなってしまいます。

逆に信頼感やスキルだけに偏り、人として好かれることを怠っていると時に「上から目線だ」と判断されてしまうことがあります。そして後輩や部下育成という仕事が増えてきた時に、途端に伸び悩んでしまう人たちを多く見てきました。

本当に人望が厚く、結果を出し続けている人というのはどちらも疎かにすることがありません。

まず「好かれる」に関して言えば、若手社会人の場合で想像してみましょう。当時の私もまさにそうでしたが、自信がないからこそ若手のうちから組織に貢献したい、役に立ちたいと思いがち。しかし、実際には即戦力として活躍することよりも先に

「チームの一員」「仲間」として受け入れてもらうことが重要なのです。どんなにあなた自身の能力が高くても、組織に馴染もうとする姿勢がなければ活躍する場や学ぶ機会すら与えてもらえないこともあります。先輩や上司もあなたと同様、1人の人間であることを忘れてはいけません。

媚びへつらうという意味ではなく、あくまでチームの一員となるには、お互いに人としての敬意や好意を持つことから始まります。だから入社後の新入社員研修では、仕事内容に関わる実務研修よりも先に社会人として必要なビジネスマナーを学ぶ機会があるわけですね。誰に対しても自ら先に元気な挨拶をする、上司や先輩の話に興味を持って素直に聴くなど、まずは人として「好かれる」ことを意識してみてください。

ここで一つ加えておくと、これは新人の時だけに限りません。実は私は20代最後の年に挑戦した初の転職でも同じ失敗をしてしまったのです。初めての転職ということで気合いが空回りしていたのでしょう。ここでもつい手がかかる転職者と思われたくない気持ちから、わからないことをわからないと言えず、人を頼ることができない苦しい日が続きました。そして、転職して1~2か月経った頃から徐々に気が付き始めたのです。**新しい環境では、いかに自分の能力が高いかを知ってもらうことよりも、企業風土や既存社員の人たちのことをよく理解しよう、溶け込もうとする姿勢が何より大事であると。**その姿勢を示してから、自分のこれまでの経験や能力をこの組織でどのように活かすことができるのかをアピールしたほうがよっぽど簡単に結果を出すことができたのです。

社会人経験が長いと「好かれる」ことと「媚びること」を混同し、嫌悪感を持つ人がいますがまったく別物です。お互いに人としての敬意や好意を持つことから人間関係は育まれていきます。生理的に嫌われてしまったらその先に進めないことを理解しておく必要があります。

そして、2つめのキーワードの「信頼される」ということ。人として好かれることがまず大切だと述べましたが、**ビジネスパーソンとして給料をもらって仕事をする以上、信頼感は不可欠です。**仕事をするということは、何らかの形で金銭のやりとりが発生しています。直接金銭のやりとりをしていない職種でも、得意先や他者との信頼関係を構築することは必ず求められます。

学生時代やプライベートでいわゆる〝愛されキャラ〟で生きてきた人も、社会に出るとそれだけでは通用せず、許されない事態が起こりうるのです。

私は日頃から多くの企業において新入社員研修や若手社員向けの研修に登壇しています。2年目以降にも結果を出し続ける社員と、途中から勢いがなくなり伸び悩む社員を実際にこれまでたくさん見てきました。人柄は確かに良いけれど同じミスをいつまでも繰り返したり、正しい言葉づかいや敬語が使えず大事な取引先の仕事は1人では任せられなかったり……。それではせっかくの好印象が活かされず、残念な結果に終わってしまいます。

信頼感のある身だしなみや言葉づかいなどのマナーはもちろんのこと、小まめに周りに報連相や確認作業を行う、約束事やルールを守るという「信頼される」コミュニケーションも意識していきましょう。

補足しておくと、これは男性脳や女性脳といった脳科学の点においても同じことが言えます。男性脳というのは相手に無意識のうちに「信頼性」を求め、期待すると言われています。それに比べ、女性脳というのは「親和性（親しみやすさ）」を求めると言われているのです。当然ですが、人によって持っている男性脳と女性脳のバランスはさまざま。多くの人と関わっていく限り、私たち一人一人が信頼性と親和性のどちらも表現できたほうが良いと思いませんか？

対面でも難しいのですから、これがオンラインの時間が増えるとさらに伝わりにくくなります。オンラインでビジネスをする場合は最低限のやりとりでコミュニケーションが成り立つので、特に「親しみやすさ」は表現しづらくなってしまうかもしれません。雑談やプライベートな付き合いを増やす必要はまったくありませんが、ちょっとした表情や言葉の使い方に気をつけるだけで効果があるはずです。

シンプルではありますが、この「好かれる」と「信頼される」の両立を目指したコミュニケーションを心がけることで、組織の中での自分の強みや役割も見つかり、ずっと結果を出し続けるビジネスパーソンになれます。ぜひ好かれて信頼されるコミュニケーション力を武器にしてみてくださいね。

POINT

04

コミュニケーション上手な人たちに共通する苦い経験

合わない人、苦手な人に出会ったら？

このようにコミュニケーションを専門とした仕事をしていると必ず聞かれることがあります。「どうしたら桑野さんみたいにコミュニケーション力の高い人になれますか？」という質問。

それに対して私がいつもお伝えするのは、「**自分と合わないな〜、苦手だな〜と思う人とのコミュニケーションからすぐに逃げないでください**」ということ。私は子どもの頃から初対面の人とのコミュニケーションで緊張するタイプではありませんでした。しかし、コミュニケーション力そのものが磨かれたのは正直ここ数年の話なのです。

そのきっかけとなったのが、社会人になってからの他社への出向経験や二度にわたる転職経験です。それまでの私は中学から大学までの10年間はいわゆるエスカレーター式の学校に通い、新卒で航空会社に入社しました。家庭環境が比較的似ていることもあり、そこまで周囲と大きな価値観の違いやコミュニケーションギャップに悩むこともありませんでした。

しかし、異なる業界や異業種への出向や転職経験を経ていくうちに、自分とまったく異なる価値観や真逆とも言える考え方に多く出会うことになります。無意識のうちに相手を傷つけてしまったり、私も勝手に傷ついて落ち込んだり……。

はじめはストレスを感じることも多々ありましたが、徐々に相手とわかり合おうとする努力や伝わるようにするための工夫が楽しくなってきました。聴き方やちょっとした言葉の使い方などたくさん勉強し、変えてみました。いつの間にか「自分と違うな～合わないな～」と初めに感じた人ほど、わかり合えた時の喜びや自分自身の成長が大きいことを知ったのです。こうして異なる価値観を持つ人とのコミュニケーションから逃げずに向き合い続けたことで、私のコミュニケーション力は磨かれていきました。

ここまでは私自身の話をしてきましたが、私の周りにいるコミュニケーション力が高いなと思う方々にも共通点がありました。年を重ねていっても常に新しい出会いを大切にし、特に何かしら自分とは「違う」人たちとの交流を積極的に持つ人が多かったのです。

その違いは年齢や性別はもちろん、組織に属している人や独立起業している人、異業種の人などさまざま。大人になると自分自身で世界を広げようとしない限り、古くからの友人や近しい人など、どんどん似たような価値観や慣れ親しんだ環境に身を置くことになります。もちろん、古くからの友人や近しい人との時間も大切です。ただ、その居心地の良い環境に身を置くだけでは、コミュニケーション力を磨く必要性も出てこなければ、そもそも人としての大きな成長や変化はなかなか起きないのが現実です。

今後はオンラインによるコミュニケーションが増えるので、より相手と深くコミュニケーションを取ることが難しくなってくると予想しています。オンラインは気軽に人と繋がれる反面、必要最低限のやりとりで成り立ってしまい、人と深く関わるコミュニケーションを避けて通れるのです。特に合わなさそうだな、と感じた相手とは関わりを絶つこともできてしまうでしょう。**無理に関わる必要もありませんが、コミュニケーション力を上げるには「自分とは違う相手と向き合う」ことが必要不可欠であることを忘れないでください。**それを理解できていて行動する人と、そこから逃げてしまう人とでコミュニケーション力には確実に差が開いていってしまうと確信しています。

「苦手だな」「合わないな」と思う人とコミュニケーションを取るのは確かに楽ではありません。ストレスにもなるし、精神的にも負担があります。仕事での人間関係はハードルが高いと感じるのであれば、パートナーや友人などプライベートな場面から他人との価値観の違いと向き合ってみるのも良いと思います。特に恋愛や夫婦関係といったパートナーとのコミュニケーションでは、価値観の相違による問題から逃げるのが困難なのでおすすめです。

もっとハードルを下げるのであれば、せっかくのオンラインな世の中を利用しても良いでしょう。インターネットでYoutubeやTwitterなどのSNSツールを閲覧していく中で、自分とは違うな〜苦手だな〜と思う発信者を見つけてみてください。**その人をただ嫌うのではなく、苦手だと感じた理由を分析することで、自分にとっての大事にしている価値観や正義に気がつくことができます。**そこから実際のリアルなコミュニケーションに活用することも、一つのコミュニケーション力アップ法です。

「なんで伝わらないのだろう」「なんでわかってもらえないのだろう」と本気で悩み、苦しんだ苦い経験が必ずあなたのコミュニケーション力を向上させてくれます。

ぜひオンラインでのやりとりが増えても、この本質から逃げることなく、異なる価値観の人と向き合うことの大切さを思い出してくださいね。

POINT

05

人間関係のストレスから解放される2つの行動習慣

ありのままの自分を出し、新しい自分に出会う

コミュニケーション力とは「ココロ」を「カタチ」にする表現力であると定義しましたが、そもそもコミュニケーション力の高い人は何を表現しているのでしょうか？実は感情表現のほかに、もうひとつ表現しているものがあるのです。

それは「自分自身」です。コミュニケーション力の高い人というのは自分自身をよく理解し、堂々と表現することが得意なのです。自分自身を表現できているので、周りからも「この人ってこういう人だよね」と正しく理解されていることが多くあります。結果的に人間関係のトラブルやコミュニケーションによるストレスからも解放されていくのです。

うらやましいと思いませんか？　ぜひこの本を読んでくださるあなたにもそのよう

	自分は知っている	自分は気づいていない
他人は知っている	**「開放の窓」** 自分も他人も 知っている自分	**「盲点の窓」** 自分は気づいていないが 他人は知っている自分
他人は気づいていない	**「秘密の窓」** 自分は知っているが 他人は気づいていない自分	**「未知の窓」** 自分も他人も まだ気づいていない自分

になってほしいので、ここでは少し図解してお伝えしようと思います。

「ジョハリの窓」というのを聞いたことがあるでしょうか？　人間関係やコミュニケーションを円滑に進めるために考えられたもので、自己分析を行う際によく利用される心理学モデルの一つです。

私たち一人一人には「自分も他人も知っている自分（開放の窓）」「自分は知っているが他人は気づいていない自分（秘密の窓）」「自分は気づいていないが他人は知っている自分（盲点の窓）」

「自分も他人もまだ気づいていない自分（未知の窓）」の4つの窓があるという考え方です。

一言で言うのなら、コミュニケーション力の高い人は「開放の窓」が広い人ということになります。もしあなたがコミュニケーション力を高めたい、コミュニケーションや人間関係のストレスを減らしたいのであれば、「開放の窓」を広げる必要があります。

では、「開放の窓」を広げるためには何をしたら良いのかを考えていきましょう。ずばり「自分は知っているが他人は気づいていない自分（秘密の窓）」と「自分は気づいていないが他人は知っている自分（盲点の窓）」を小さくしていき、自分と他人の間にある認識のズレを理解し、なくしていくこと。そうすることで結果的に「自分も他人も知っている自分（開放の窓）」が広がり、「自分も他人もまだ気づいていない自分（未知の窓）」にも行き着くことができます。

「秘密の窓」を小さくしていくためには〝**自己開示**〟をする必要があります。「秘密の窓」が大きい人というのは本音が見えなかったり、他人と一線を置いていることが相手にも伝わってしまいます。そのため、人間関係のトラブルやコミュニケーションギャップなども多く起こります。本当は人には見せたくないと思っていた自分のかっこ悪い部分、苦手なことや失敗をさらけ出す勇気を持ちましょう。

以前は私もできない自分をまったく受け入れられず、自己開示は本当に苦手で訓練が必要でした。しかし、心の病を患った時に思っていた以上に周囲の優しさや愛情を実感することができたのです。**まさにありのままの自分を理解してもらえて、支えてくれる本物の仲間に出会えたので人間関係のトラブルがなくなりました。**それからは自己開示をすることが結果的に自分自身を救うことを知り、心から信頼できる人たちと共に楽しく生きられています。

また、「盲点の窓」を小さくするためには他人からの**〝フィードバック〟**を受けることが大切です。大人になればなるほど、他人からフィードバックをもらう機会自体が減ります。さらに他人からのフィードバックを受け止める素直さや柔軟さも失ってしまいます。すると素直ではないだけでなく、年を重ねても自分のことをよく理解していない人というネガティブな印象にもつながります。裸の王様というのは避けたいですよね。

自分ではそのような気がなくても、そういう風に捉える人もいるんだな、自分にはそういう一面もあるのかもしれないなといったん素直に受け止めてみましょう。はじめから受け入れなくても良いので、受け止めてみる練習をしてほしいと思います。慣れてきたらぜひ、自らフィードバックをもらおうと相手にお願いしたり、相手に言われたことを正しく理解しようと質問をしてみてください。一見腑に落ちなかったことも納得できるかもしれません。

私は講師や著者という仕事柄、参加者や読者のみなさまからさまざまなフィードバックを今でもいただきます。先生と呼ばれる仕事はそれこそ他の仕事に比べるとフィードバックを受ける機会が減ってしまいます。ましてや私のように企業に属していない身だとさらにフィードバックを受ける機会はほとんどありません。

簡単に裸の王様が完成してしまうので、参加者や読者のみなさまの忌憚ないフィードバックやアドバイスが非常にありがたいのです。また、他人にフィードバックをする仕事だからこそ、講師の勉強会などにも自ら足を運び続けることで〝フィードバックされる〟立場も大事にしています。

今では自分の思っている自分と相手が知っている自分にギャップが少しずつなくなってきました。**初対面の相手からも誤解されることが少なく、早い段階から自分らしさを100%表現することができて楽に生きられています。**

このように〝自己開示〟と〝フィードバック〟の二つの行動習慣を心がけてほしいと思います。繰り返していくことでコミュニケーション力が上がるだけでなく、新たな自分も発見できます。あなたの本当にやりたいことや天職にも出会えるかもしれません。ぜひこの2つの行動習慣、取り入れてみてくださいね。

POINT

06 相手の反応は自分のコミュニケーションの成果である

つい「相手のせい」にしていませんか？

序章の最後に、コミュニケーションにおいて最も本質的なことに触れておきます。基本中の基本であり、当たり前のことなのに意外とできていないこと。

それは「相手の反応は自分のコミュニケーションの成果である」という考え方です。

コミュニケーション力を上げたいと少しでも思うのなら必ず必要な考え方なのです。コミュニケーションに限らず、どのような場面においてもビジネスパーソンは他責ではなく自責の念を持つことは大切です。頭ではわかってはいるものの、実際に職場でうまくコミュニケーションが取れないと「なぜわかってくれないのだろう」「どうしてそんな風に受け取るのだろう」と無意識に相手のせいにしてしまうことはないでしょうか。

気持ちは大いに理解できます。私自身も組織で勤めていた頃、常にその悩みを抱えていました。しかし、社内で研修講師を担当するようになってから少しずつ考え方が変わってきたのです。受講者が眠そうだったり、やる気がなさそうだったり……。丁寧に何度も教えたと思っていたのに「教わっていません」と新入社員に言われてしまうことも。初めの頃は、「私はこんなに情熱を持って研修をしているのに！ ちゃんと伝えているのに！」と相手に不満ばかり持っていました。

しかし、その怒りや不満を相手にぶつけていても何も現実は変わりません。私が怒ったところで、相手が意欲的になったり理解度が上がってくれることもありません。当たり前のことですが、得たい結果があるのなら私が変わるしかないのですよね。人を変えることはできませんが、人は変われると信じています。

どのように工夫したら相手は眠くならないのだろう、受講者が意欲的に研修に取り組むために私にできることは何だろうと真剣に考え、行動に移すようになりました。

一人一人の理解度に寄り添い、その人に合わせた言葉のチョイスや話の構成などを変えることができるようにもなりました。まさに「与えよ、さらば与えられん」精神ですね。

その結果、なんとかこのようにプロとして本を書いたり、講師の仕事をいただけるところまでたどり着きました。今でも研修や講演が終わる度に、どんなに良い結果をいただけた時も心ない感想をいただいた時にも「で、私にあと1つできることがあるとしたら何だろう？」と常に振り返るようにしています。**私にできることは何もない、私の問題ではないと思った時点で成長はストップしてしまいます。**コミュニケーション力を磨くチャンスを失ってしまうのです。だからといってなんでも自分のせいにするのは苦しい時もあるので、**〝あと1つできることがあるとしたら〟とハードルを低くしているのがポイント**です。

綺麗事に聞こえるかもしれませんが、ただ綺麗事を言うつもりはありません。私は読者であるあなたにとって最もシンプルで、長い目で見てあなたを楽にしてくれたり、救ってくれる本質的な内容をお伝えしたいのです。

他の項目にも書きましたが、オンラインの場が増えたということはこれまでの私たち日本人が得意としてきた「察する」「空気を読む」コミュニケーションに頼る時代が終わることを意味します。今後起こるコミュニケーションギャップは相手のせいにしていられなくなります。自分が伝えたことが相手に正しく「伝わった」かどうかをこれまで以上に意識する必要があります。話す・聞くだけに限らず、読む・書くといった文字情報のコミュニケーションにおいても同様です。読解力をつける必要もありますし、わからなければ相手に質問や確認をすることも求められます。

これからのオンラインとオフラインコミュニケーションが共存する時代に生き残っていけるのは、常に自分自身のコミュニケーションを省みることができる人です。

ぜひ今一度このタイミングで「相手の反応は自分のコミュニケーションの成果である」ことを頭に入れておいてください。コミュニケーション力の向上はまずはここからです。私も改めて意識していきたいと思います。

第1章

どんな状況でも好かれる・信頼される、よい関係を築く話し方

ファシリテーション力

POINT

07 参加者全員を積極的に変える「ファシリテーション力」

話せる人も話せない人もまず周りを見よう

テレワークやリモートワークが進み、打ち合わせや会議がオンラインツールで行われることが当たり前になってきました。自宅にいても相手と離れていても、すぐに集まって話し合うことができてとても便利ですよね。私自身もZoomやGoogleハングアウトなどを利用したミーティングや勉強会が一気に増えました。思っていたよりは順応も早く、自分自身の生活の一部にもなってきました。

ただ、これまでオンラインのやりとりが当たり前ではなかった私たちにとってはいくつか課題が見えてきたようにも思います。

その一つとして挙げられるのが「ファシリテーター（進行役）の必要性」です。本来はオンラインに限ったことではないのですが、特にお互いが同じ場所にいないオンラインの場では一体感が出にくいのです。４人を超えたあたりから、ファシリテーターが不在の状態では積極的な意見交換に発展することはなかなか困難です。

特に空気を読みがちな日本人は「違う」と思っても自ら挙手して反論することに抵抗のある人も多く、発言者に偏りが起きやすくなります。**対面での会議や打ち合わせであれば、あまり発言をしなくてもその場にいれば参加者として成り立ちますが、オンラインだと消極的に見えてしまうこともあります。**自分の意見を発言することももちろん大切ですが、そこにとどまらずに他のメンバーから意見をまんべんなく引き出したり、話の流れを整理するといった「場を回すファシリテーション力」が求められるようになりました。

ファシリテーションは大きく分けると２つのステップがあります。

ステップ１　一体感のある場作り（発散）
ステップ２　ゴールに向かって導く（収束）

の2ステップです。ステップ1では一体感のある場作りをすることで、参加者全員が公平に意見を言いやすくなります。意見が〝発散〟されたところでステップ2に進み、最終的なゴールに向かって整理し、〝収束〟させていく必要があります。

その上でそれぞれのステップでのポイントは次の通りです。

ステップ1　一体感のある場作り（発散）

❶冒頭で「一体感」を作る。

❷その集まりのゴールを明確にする。

❸メンバー一人一人に目を配り、意見を引き出す。

ステップ2　ゴールに向かって導く（収束）

❶引き出した意見を掘り下げる。

❷話を整理し、まとめる。

この章ではそれぞれのポイントに触れつつ、具体的にどのようなことを意識すれば良いのかを解説していきます。

「人前で意見を述べることに抵抗はない」とコミュニケーション力に自負のある人は、今後は自分自身が話すことよりも、周りをよく見て場を回すことにチャレンジしてみてください。

逆に「自分の意見を発言していくのはそんなに得意ではない」と思う人も、他のメンバーの話をよく聞き、全体を俯瞰して進行するほうができるかもしれない……と前向きに捉えてみてほしいと思っています。ぜひこれをチャンスにご自身の新たなコミュニケーション力を手に入れましょう。

POINT

08

ステップ１－❶
冒頭で「一体感」を作る

オンラインツールを使用してのコミュニケーションでは、４名を超えたらファシリテーターが必要とお伝えしました。同じ空間ではなく画面越しでのやりとりとなるので、どうしても一体感が出にくくなります。遠慮がちなメンバーや参加意欲が低そうなメンバーに気を取られてしまった経験はないでしょうか？

私は仕事柄、日頃からつい一人一人を観察してしまうタイプなので気になってしまうことが多くありました。同じ場所に集まっていればお互いがなんとなく同じ温度感で参加していることが伝わります。温度感にばらつきがあっても、リアルな場であればすぐに気がつき対処することができますよね。オンラインではその差を都度埋めていくのはなかなか困難です。

そのため、オンラインでは開始早々に一体感を作ることが要となってきます。

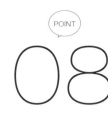

「傍観者」になりがちなメンバーを「参加者」になってもらうように巻き込む力が必要です。

オンラインツールにもよりますが、一体感を作るにはさまざまな方法があります。一体感というのは基本的に全員が同じことをするという行為から生まれます。

私がこれまで経験してきたもので言えば、バーチャル背景の設定できるZoomやTeamsなどでは共通の背景にするだけでも一体感が出ました。他にも全員が紙やノート型ホワイトボードを用いて、漢字一字で何かを表したりイラストを描くといったテレビ番組のようなものも冒頭から盛り上がりました。

そういったものももちろん楽しくて効果的なのですが、私はもっと基本的なやり方でも良いと思っています。対面の時と同様にはなりますが、あらかじめ役割分担を明確にしておくことも効果的です。私も何度も経験がありますが、オンライン上でファシリテーションをしていると対面の時以上にさまざまなことに気を取られ、つい時間管理が疎かになってしまいがち。タイムキーパーや議事録係など、事前に数人にお願いしておくことで物理的に傍観者ではなく参加者にしてしまうという手もあります。

また、いくらオンラインコミュニケーションが増えたとはいえ、まだまだオンラインツールの理解度や経験値には個人差があります。参加者全員に対して、進行役が開始時に挙手やリアクション機能、チャットへの書き込み、画面や音声のオンオフなど操作確認を一通り行うだけでも空気が変わります。

手や体を使って表現する「ＯＫサイン」「ＮＧサイン」「拍手」「挙手」のような進行ルールを決めて、全員に共通認識を持ってもらうことも大切です。

これはただの確認作業ではなく、一体感を持つことでメンバー全員を傍観者から参加者になりやすくさせることが目的。**ポイントは「やらせる、反応させる」といった強要するイメージを参加者に持たせないことです。**

あくまで参加者に寄り添い、相手の目線に立ちながら操作についてこられているか、ＰＣ環境が整っているか等を確認するスタンスで接することが重要です。

日本人の特徴でもありますが、「全員が同じことをやっているのだから、自分だけが悪目立ちすることはなさそう」と遠慮がちな人たちのリアクションすることへの抵抗感をなくすこともできます。

昨今、オンライン会議等が増えたことで、「オンラインハラスメント」というのも注目されています。無理矢理リアクションを強要させられた、という声もよく聞きます。私自身、そもそもコミュニケーションとは表現することと定義しているので、リアクションは必要不可欠だと思っています。

ハラスメントというのはオンラインに限らず対面でも同じことが言えます。「オンラインだから」というのは本質的でないように思うのです。私たちの発言や行為に対して、ハラスメントだと感じる人もいれば、感じない人もいます。大切なことはオンライン、オフラインに関わらず、ハラスメントと感じさせないコミュニケーションや関係性を相手と構築することではないでしょうか。

やらせる、反応させるのではなく、相手に寄り添う姿勢をオンラインではより意識してみてください。ぜひ一体感を冒頭で作ることで、積極的な意見交換ができるよう心がけてみてくださいね。

POINT

09

ステップ１－❷
その集まりのゴールを明確にする

リモートワークによるオンライン会議が増えてきたことにより、効率的に会議ができるようになったという声と、かえって会議が長引いたり頻度が増えて困るという不満の声を聞きます。

その違いはいくつかありますが、冒頭でしっかりと集まった目的やゴールを明確にしているか否かというポイントが挙げられます。もちろんこれは対面式の会議でも非常に重要です。しかしオンラインでは同じ場所にいない分、私たちが得意とする「場の空気を読む」ことが困難なのです。会議途中での軌道修正や一人一人が何を考えているのかを読み取ることがリアルよりも難しくなります。

オンラインでは会議スタート時に「この集まりの目的は何なのか」「この会議中に

絶対に話し合うことや決めるべきこと」を端的に共有するところからスタートしましょう。できれば口頭でもスライド画面でも共有し、メンバーの視覚にも聴覚にもしっかりとインプットしてもらうことを推奨します。絶対に話さなければいけないことと、時間が残れば話し合いたいこととあらかじめ二段階に分けておいてください。

このようなファシリテーションをすることで、**参加者一人一人に対して、オンライン会議に参加することへの体力的・精神的ハードルをスタート時に下げておくこと**がポイントです。ファシリテーター役以外のメンバーも、会議途中に軌道修正を図ろうと声を上げやすくなります。限られた時間、限られた空間の中で一人一人がいかに積極的に参画できたかが問われることを覚えておいてください。

せっかくの利便性の高いオンラインツールを面倒なものにしてはもったいないですよね。リアルの時以上に目的やゴールを明確に表現すること、必ずスタート時に参加者全員で共有しておくことを徹底しましょう。

POINT

10 ステップ1－❸ メンバー一人一人に目を配り、意見を引き出す

オンラインコミュニケーションになると困難になるのが、メンバー全員が平等に意見を出し合うということ。私も多くのビジネスパーソンからこういった悩みをよく聞きます。

どうしてもオンラインの場では元々主張が得意な人やよく話す人、声の大きい人が良い意味でも悪い意味でも場を作ってしまいます。リアルな場であれば他の人がそろそろ話したいという意思表示も伝わりやすく、周りの人もそのように促すことができますよね。しかし、画面上のやりとりではなかなか難しくなります。

そこで、ファシリテーターの方には全員均等に目を配り、意見を聞き出してほしいのです。人気テレビの司会者のように無作為に均等に話を振れれば良いですが、はじ

めからそんなにうまく進行するのは困難です。

人数にもよりますが、私が進行役をする時は「まだ話していないな」と思う人を手元でメモしておきます。話すことが多い人はメモしていなくても記憶に残るので、声をまだ聞いていない人をメモしておくほうが効率的です。次のテーマの時にまずその人の意見から聞いてみる、というように工夫してみてください。

慣れないうちは企業研修のように、はじめから挙手制にするのではなく、画面に並んでいる順や名前順に順番に意見を聞き出しても良いと思います。その後でも自ら意見を言える人は抵抗なく発言をしてくれます。

人数が多くなってきた場合にはツールをうまく利用する手もあります。Zoomなどチャット機能があるオンラインツールであれば、全員必須で書き込む時間を作ることで、その内容をファシリテーターが拾って本人に話してもらうことができます。そうすれば発言者が一部に偏ることも防ぐことができます。ぜひ試してみてください。

POINT

11 ステップ２－❶ 引き出した意見を掘り下げる

ステップ１の一体感のある場作り（発散）ができたら、いよいよステップ２のゴールに向かって導く（収束）段階に進みます。

ただみんなでおしゃべりをするプライベートな場であれば、ステップ１までまったく問題ないのですが仕事となるとステップ２がどうしても必要になってきます。

正直、ステップ１に比べると脳内はフル回転になるかもしれません。一人一人の話をよく聞きながらゴールに向かって導く役目があります。

メンバーから出た意見に対して、さらに詳しく聞いてみようと質問をして、話を掘り下げることが大切です。**場を作ることに慣れている人ほど、早く答えに導きたい一心からこのステップが苦手な人もいます。**

人前での発言に慣れている人は自らベラベラ話してくれるかもしれませんが、そうではない人は言葉少なめである可能性もあります。特にオンラインの場合は、対面の時以上に遠慮し合う空気になることも多く、かなり人によって発言量にばらつきが出てきます。

自分はもちろんのこと、ほかのメンバーが疑問を持ちそうだな、と思うことはその時点でファシリテーター役が勇気を持って質問をしてください。「それってこういうことですか？」「この認識で合っていますか？」と掘り下げていくことで場がさらに作られていきます。リアルな場面とは違い、他者が横入りをするのは非常に難しいです。せっかく全員から意見を聞き出しているのですから、浅くて差し障りのないやり取りをしても意味がありません。

オンラインでも深い会話のやりとりを心がけ、積極的な意見交換ができたら良いですよね。話を深めていくうちに、「あ、これは○○さんの意見にも似ているな」「一見、正反対の意見を言っているように聞こえたけど、本質は同じだな」などと新たな視点にも気が付き、他の人に話を広げて回していくこともできます。その結果、次のポイントでもある「整理してまとめていく」こともしやすくなります。

ぜひゆくゆくは名司会のようなファシリテーションスキルを得るためにも、テレビやインターネット動画などで場を回すのが上手いなと思う人を研究してみてくださいね。

POINT

12 ステップ2－❷ 話を整理し、まとめる

いよいよステップ2のゴールに向かって導く最終段階です。

「ステップ2－❶ 引き出した意見を掘り下げる」の最後にもお伝えした通り、話を掘り下げていくことで、話を整理しまとめやすくなります。一見違う意見に見えたAさんとBさんの意見に共通点があったり、逆に近い意見だと思えたものが根本は真逆のことを言っていたり。

ただ、まとめると言っても1つの正解を決めることに重きを置く必要はありません。

合意形成という言葉は聞いたことがあるでしょうか？　合意形成というのは誰か一人の意見を選択し、正解を決めることよりも、参加者全員が納得することを重要視します。

そのため、整理やまとめはファシリテーター一人で担う必要はありません。一人一人の意見を平等に聞き出した後には、こちら側から参加者に対して「ここまで出た意見を整理し、まとめていこう」と投げかけます。個人で考えて整理する時間を作ったり、人数が多ければZoomの「ブレイクアウトルーム」のようなオンラインツールのグループセッション機能を活用して、チーム内でまずは合意形成をしてもらいます。その後、発表タイムをもうけましょう。

合意形成はあくまで全員の納得度が重要なので、個人個人に当事者意識を持ってもらうことがポイントです。そうすることで「誰かの意見に引っ張られた、押しつけられた」といった印象はなくなり、参加者全員で答えを導き出した達成感が生まれます。

もし、なかなか最後までまとまりきらなくても安心してください。その会議の着地点も参加者に決めてもらえば良いのです。このまま時間を30分延長してまとめるのか、後日に仕切り直すのか、はたまた出ている案をいったん両方とも採用するのか。その選択は多数決で決めても良いかもしれませんね。

ファシリテーターというのは決してみんなを率先して意見を出し、引っ張っていく存在ではないことがご理解いただけたでしょうか。もしかしたらあなたが想像していたファシリテーターよりも少し頼りなく、受け身な印象を持ったかもしれません。

私もファシリテーターの経験を多くしてきたからこそ気がついたことがあります。つい気の利いたことを言わなくては、流れを変えたりうまくまとめなくては、と空回ってしまうことが多々ありました。オンラインとなると参加者の考えていることも読み取れず、自分がファシリテーターをしたオンラインミーティングの後はしばらく放心状態になることもしばしば。ファシリテーターを引っ張っていくリーダー的存在だと捉えてしまっていたからです。

今なら理解できます。ファシリテーターの役割というのは参加者を引っ張っていくのではなく、参加者全員に考えるきっかけを等しく提供し、しっかりそれを全体に共有していくこと。自分一人で抱えて、自分の中だけで必死にこねくりまわす必要は一切ありません。「あなたはどう？」「みんなはどう？」と常に他の参加者に寄り添う姿勢を忘れないでください。

思っていたよりファシリテーションって難しくなさそう、これなら挑戦してみようかなと少しでも思っていただけたなら幸いです。オンラインの時代には必要不可欠なスキルです。ぜひこれを機にあなたのファシリテーションスキルを磨いてくださいね。

自己開示力

POINT

13 〝この人と仕事したい〟と思わせる「自己開示力」

「仲良くなりたい」「一緒に仕事したい」人になる

オンラインでのやりとりが増えたことにより、これからのウィズコロナ・アフターコロナ時代を生き抜くためのコミュニケーション力についてよく聞かれます。私もすべてオンラインに移行したわけではないものの、ビフォーコロナに比べ、公私ともにオンラインが一つの選択肢になってきたことは確かです。

その中で私が思ったのは、今後オンラインコミュニケーションが増えても生き残っていく人とは「自己開示力」の高い人ではないかということです。

初対面がオンラインという機会も多くなりましたが、その場はあくまでスタートラインに過ぎないことを忘れてはいけません。ビジネスにしてもプライベートにしても、その後に関係性を長く続けていこうかを決めたり、契約といった金銭のやりとりがある場合も出てきます。その時点で相手に対して「感じの良い人ではないな、信頼できないな」と感じてしまうと、その先のステップに進めないということを私も身をもって実感しました。あなたにも似たような経験があるのではないでしょうか。

手段がオンラインに変わっただけで、この本のタイトル通り、初対面から「好かれる」と「信頼される」をバランス良く両立させられた人が生き残っていけるのです。


そう強く思ったきっかけがあります。私は以前、通販業界といったら知らない人はいないであろう、ジャパネットたかたに勤めていた時期があります。当時はまだジャパネットたかたの創始者である、髙田明氏が社長をしていた時代でした。

髙田明氏と直接面識のある私たち社員の中にも多くのファンがいました。しかし、それ以上に髙田明氏ほど社長としても通販番組のMCとしても知名度が高く、世間からもファンが多い方はなかなかいないのではないでしょうか。

今でこそ、実業家の著名人としてさまざまなメディアに出演されていますが、はじめはあくまで自社の通販番組で商品紹介をするMCとしての露出のみだったはずです。それでも確実にご自身のファンを増やし、髙田明氏が紹介した商品は飛ぶように売れ、ビジネスとしての成功もされています。まさにこの髙田明氏の画面越しでも人間力が伝わるような、「好かれる」「信頼される」コミュニケーション力が今後の私たちに求められているのではと思ったのです。

では、自己開示というのはそもそもどのようなコミュニケーション力を指すのでしょうか。「自己開示」というのはその字の通り、自分を開示すること。**決して自分を承認してもらう目的ではなく、相手の警戒心をなくし、安心感や親近感を持ってもらうことを目的とします。**その上でありのままの姿をさらけ出したり、心からの本音を表現する必要があります。時には自分の過去の失敗談やかっこ悪い自分を見せる場合もあるでしょう。

髙田明氏で言えば、全国ネットでの肥筑方言訛りでの商品紹介がまず大きなインパクトを与えました。今は以前ほど厳しくはないかもしれませんが、当時、ＭＣやアナウンサーの仕事は訛りや方言のない標準語が当たり前とされていました。

そして、商品紹介をする際も商品の特徴だけでなく、自身の使用エピソードを感情表現豊かに語られる姿も印象的でしたよね。個人的にはカラオケセットの商品紹介で、紹介VTRを流すのではなく、毎回ご自身の好きな曲を1曲熱唱される演出が好きでした。これだけ自己開示力が高いので、私たちはいつしかファンになってしまうし、本音で語って勧めてくれるという信頼感によって「買いたい」気持ちまで出てくるのです。

昨今のYoutuberのみなさんを見ていてもそう感じます。トップYoutuberと呼ばれる人たちは自己開示力の高い人が非常に多いです。人気の女性Youtuberがすっぴんを披露したり、どんなに知名度が上がってもファンからの質問にNGなしに答えたりと素の姿を見せ続けてくれます。だからチャンネル登録をして定期的に配信を見たくなるし、本やグッズ、ライブやイベントチケットもよく売れるのです。ネットの世界だけにいるように見えるYoutuberのみなさんも、「リアルで会ってみたい」「お金を出して応援したい」と思われる人が真のトップYoutuberなのです。

自己開示ができると「好かれる」と「信頼される」の両方の印象が得られることが伝

わったでしょうか。**好かれることにより「この人と仲良くなりたい・この人をよく知りたい」と思われ、信頼されることにより「この人から買いたい・長く関係性を築きたい」と思ってもらえます。**

オンラインコミュニケーションだけで関係性を構築し、結果を出すことが求められる時代。ぜひ自己開示力を高めてウィズコロナ・アフターコロナを共に生き延びていきましょう。

POINT

14 自己開示の思わぬ落とし穴

自己陶酔になっていませんか?

これからのウィズコロナ・アフターコロナ時代では「自己開示」が求められるとお伝えしました。初対面から自己開示ができれば、相手に安心感や親近感を持ってもらうことができます。

以前よりは「自己開示」という言葉そのものもよく聞くようになりました。

しかし、自己開示という言葉だけが一人歩きしてしまったのか、実は自己開示をする時には落とし穴があるのです。実際にあなたは他人からの自己開示に好感や信頼感を持った経験と、好感や信頼感どころか嫌悪感や不信感を持ってしまった経験はないでしょうか。私は両方の経験があり、自分でも気をつけようと思うようになりました。

本人は自己開示をしているつもりなのでしょうが、どこかで自己陶酔になっているような印象を受けることがあるのです。

もう一度触れておきますが、自己開示とは自分を開示すること。ありのままの姿をさらけ出し、素直な感情表現と共に本音を語る必要があります。状況によっては自分の過去の失敗談やかっこ悪い自分を見せる場合も出てきます。

自己開示も自己陶酔も一見は同じことをしているようで、決定的に違う点があります。それは自己開示をする「目的」です。自己開示ができる人は相手に寄り添い、相手の警戒心をなくすことで、安心感や親近感を持ってもらうことを目的としています。その結果、好感や信頼感につながります。好感や信頼感を持たれることを直接的な目的にはしていません。そのため、相手からの自己開示を強要するようなこともありません。

それに対して、一方的な自己開示による自己陶酔になりやすい人は、相手ではなく自分自身に矢印が向いています。自己開示をすることで自分をよく見せたい、すごいと思われたい、がんばったと褒められたいという承認欲求が全面に出てきます。認められ、好感や信頼感を得ること自体が目的になっているのです。その結果、不幸自慢を聞かされているような、自分に酔っているような印象になってしまうのですね。

相手のリアクションが本人が思っているよりも薄いと、さらに大げさに話を誇張してくる場合もあります。目的と手段をはき違えていては、もはや自己開示ではありません。

その上、こちらは自己開示したのだからと相手にも自己開示することを強要する人もいるようです。一方的に自己陶酔したあげく、相手のパーソナルスペース（心理的縄張り）にもズカズカと入り込んでいく。困ったものです。

さらに紐解いていくのであれば、結局は自己肯定感の高さやこれまで生きてきた環境が大きく影響しています。自分で自分を認められていなければ、自分をさらけ出すことが他者からの興味や関心を引くという目的になってしまうのも仕方ないのです。ここでは自己肯定感について深く語ることはしませんのでこれくらいにしておきます。

自己開示の落とし穴はご理解いただけたでしょうか。自己開示と自己陶酔は開示する「目的」がまったく違います。相手からの好感や信頼感は「結果的に」得られるものだとしっかり理解しておいてください。ただ相手にウケの良さそうなしくじりエピソードを話せば良いのではありません。思ったことを素直に表現する、喜怒哀楽などの感情表現を豊かにするなど方法は他にもたくさんあります。この章では自己開示をする上でのポイントもいくつか紹介していきますので、引き続き読み進めていってくださいね。

POINT

15 「主語(私)+感情(喜怒哀楽)」で始めよう

素直な感情を出すだけで、相手の心は動く

自己開示というと「自分をすべてさらけ出す」「しくじりエピソードを話す」といった印象が強いですが、そういうことではありません。もっと難易度の低い、他の方法でも自己開示をすることができます。自己開示の目的はあくまで相手の警戒心を取り去り、「この人は安心・安全な人だ」と思ってもらうこと。そのためにできることを紹介していきます。

自己開示の第一歩として、自分の感情を表に出すことをおすすめします。

あなたは日頃から自分の感情をどのくらい表現していますか？　あなたは自分の感情を表現することは得意ですか？

感情表現というのは喜怒哀楽のどの感情でもかまいません。ご想像がつくかと思いますが、日本人は自分の感情を表に出すことを苦手とする人が多くいます。情緒不安定と思われるのが嫌で、怒りや悲しみはグッとこらえます。嬉しいことがあったり、幸せに感じたことがあっても自慢に聞こえてしまったら嫌だな……と遠慮してしまう人が多いのです。

日本ではこれまでずっと感情を表に出さないのが美徳とされてきました。

素直に感情を表に出す人を「あの人は感情的な人だ」と少しネガティブなイメージで捉えることもありますよね。もちろん社会人として怒りや感情をコントロールすることは大切です。他人に迷惑をかけるほど相手に感情をぶつけることと、感情表現を豊かにすることはまったくの別物であると考えてください。

これからのオンラインでのやりとりが増える時代には、感情表現が乏しいことはマイナスに働くことが増えると予想します。リアルなコミュニケーションであれば、何を考えているのかよくわからない人ともどうにか関係構築が可能です。五感すべてを使って相手からの情報を取り入れるので、まだどのような人なのかが見えてきます。

それに対してオンラインコミュニケーションが増えた今はどうでしょう。何を考えているのかよくわからない人とは距離も縮まらず、関係構築をする前に疲弊してしまいますよね。

そこで、これからの時代を生き抜く武器として、「自分の感情を言葉にする」ということをまず心がけてほしいと思っています。よく聞く言葉ですが、やはり人は感情の生き物なのです。**行動に変化が起きる時は、必ず心が動いています。**

レストランで自分の隣の席に座っている男女二人組を想像してみてください。おいしそうな料理を一口食べた時、男性が専門家のように食レポを始めます。「これは●●産の貴重な部位を使っていて、香りが○○で、食感は△△のようで……」と解説のようなレポートをしていたら、あなたは「美味しそう！　食べたい！」と思うでしょうか？

その一方で、女性が目をキラキラ輝かせて「え、待って。美味しすぎる……！」と幸せそうな笑顔だったとします。何が美味しいのか、言葉や情報は確かに足りていませんが、どちらのほうが美味しそうに見えるのかは明らかですね。**素直な感情をむき出しにしているだけで、相手の心は動いてしまうのです。**

人に言われて気がついたことですが、私自身の第一声は「私、幸せです！」であったり、「私としては残念で悲しいです」など感情表現が多いそうです。英語でいうところの〝I'm happy〟〝I'm sad〟といったところでしょうか。「主語プラス感情」を常に最初に出していることで、相手の方が私に対して警戒心を抱かなくなることを知りました。「うれしい！　楽しい！　大好き」ではないですが、「幸せです」「びっくりしました」「悲し過ぎます……」といった感情を最初に言う意識を持ってみてください。

リアルで会っていない分、感情や本音はより伝わりにくくなります。空気を読み、相手の心を想像することが困難であることを忘れないでください。そこでお互いにストレスが溜まってしまうようでは本末転倒です。

ご自分の素直な感情を見つめ、それを一言口にしてみましょう。初めから口に出して言うのが難しければ、１日の終わりに「今日嬉しかったこと」「今日悲しかったこと」など感情整理の時間を作っても良いかもしれませんね。寝る前にあまりネガティブな感情を思い出すのは良くないですが、自分の感情を客観視する習慣はあなたにとってプラスとなるはずです。ぜひ取り組んでみてくださいね。

POINT

16 〝マイワールド全開!〟の場所をもつ

「好き」を外に出す練習をしよう

自己開示の第一歩として、感情を素直に表現することをおすすめしました。ただ、急に人前で感情を出すというのはハードルが高いと感じる人もいるかもしれません。そのような人たちに向けておすすめの方法をご紹介します。

ご自身の「好き」という気持ちを大切にしてほしいのです。好き嫌いがはっきりしているほうが良いと思うかもしれませんが、はじめは「好き」がはっきりしているだけで十分です。どうしても喜怒哀楽のうち、特に「怒」と「哀」のような少しネガティブな感情や「嫌い」を表現するのは抵抗がある人が多いように思います。まずはポジティブな感情である「好き」という、「喜」「楽」に近い感情からスタートしましょう。

「好き」という感情は誰のことも傷つけないどころか、周りを幸せにすることのほうが多いですよね。

ランチで行ったお店や食べた物、街中で見かけた洋服や小物、テレビで見た芸能人やYoutubeで見かけたYoutuberなど、好きだと思う対象は何でも良いのです。**好きだなと思ったり、良いなと思った感情を記憶してください。好きだなと思ったら、次はそれをすぐに外に表現します。**家族や友人、同僚など人が近くにいるのであれば、その人に伝えてみましょう。

ただ、常に周りに人がいる環境というのは難しい場合もあります。そんな時にぜひおすすめしたいのが、InstagramやTwitterといったＳＮＳの活用です。Facebookと違い、基本的には実名や素性を出す必要もなく楽しむことができます。自分が好きだな、と思ったものをタイムリーに継続的に表現する方法の１つとして活用してみてください。自分の好きなものや趣味などマイワールドを繰り広げてほしいのです。いくら好きなものであっても、まだ職場や友人にすべてをさらけ出すのは恥ずかしいなと思うこともありますよね。

もちろん、ＳＮＳそのものに抵抗のある人に強く勧めるつもりはありません。人に見られることに抵抗があれば、自分のノートや手帳にマイワールドを全開にするのも良いと思います。ＳＮＳを利用することでフォロワー数や見てくれる人のことを気にしすぎてしまい、純粋に好きな気持ちで楽しめなくなっては意味がありません。しかし、私の体験ですが、自分の「好き」が溢れているＳＮＳの世界にはその「好き」を共有できたり、憧れるような存在との出会いも溢れています。やはり外に表現すればするほど世界は広がるのです。無理のない範囲で「好き」と言う気持ちの表現から練習してみてくださいね。

私も組織に属していた時は自分の好きなファッションや小物、キャラクターなど、どこか表現するのを恐れていたことがありました。派手と言われたり、子どもっぽいと言われたこともあります。職場で少し我慢する分、ＳＮＳの世界で自分の好きなものを発信することがとても楽しかったのを覚えています。リアルでは否定されていたものがオンラインでは肯定してもらえることを知りました。

すると、だんだんと自分の「好き」という気持ちに素直になれて、まずは小物やバッグ、文房具など持ち物から自分の好きなものを堂々と持つようになれたのです。他人の目があまり気にならなくなっていったのですね。最終的にはファッションやメイクなども自分の好きなものを自分らしく楽しめるようになれました。

今では初対面の方からも「桑野さんって好きなものがはっきりして、マイワールド全開ですよね」「初対面だけど、桑野さんの誕生日プレゼントなら外さないで選べる自信がある」なんて言われるほどです(笑)。これが褒め言葉かどうかは置いておいて、元々はマイワールド全開でいられなかった私からすれば嬉しい言葉です。**オンラインの世界があったおかげで、リアルの世界もより楽しめるという経験ができました。**

ぜひ「好き」という気持ちは怖がらずに、思い切り外に言葉にして出してみてください。SNSツールも上手に活用して、ご自分の「好き」という感情を大切にしてあげてほしいと思います。最近はSNSで「好き」を発信すると、作り手の方や関係者の方が反応してくれることも増えています。私も著書や講演のご感想をSNSからいただくこともありますが、「好き」を伝えていただけることは、作り手として本当に嬉しいことなのです。もし、この本を良いと思ってくださった方は遠慮なく、メッセージやＳＮＳフォローも大歓迎です。「ココロ」を「カタチ」にしてくださったことに、私も感謝の「ココロ」を「カタチ」にコメントしに伺いますね！

POINT

17 嫌いな人、苦手な人の特徴を言ってみる

ネガティブな感情から学べることは多い

自己開示といってもいきなり自分の過去を暴露したり、かっこ悪い自分をさらけ出すのは勇気がいりますよね。そもそもそれが不幸自慢のようになっていたり、武勇伝のようになってしまっては困ります。そのようなしくじりエピソードを語る前に、まずは日頃からご自身の素直な感情を外に表現することからスタートです。

その第一歩として先ほど「好き」という気持ちを表現することの重要性をお伝えしました。今度はその真逆である「嫌い」という感情を表現することの大切さをお伝えします。喜怒哀楽でいうところの「喜」「楽」といったポジティブな感情のほうが抵抗なく表現できますが、「怒」「哀」はいかがでしょう。正直、抵抗のある方のほうが多

いのではないでしょうか。ネガティブな感情を外に出すのは勇気が必要ですよね。ネガティブな人だと思われるのではないか、性格が悪いと思われるのではないかと誰でも頭によぎると思います。

しかし、はっきり言っておきます。**ネガティブな感情を持たない人は一人もいません。**人間である限り、本能的に〝死にたくない〟という生存欲求があります。その欲求を脅かす可能性があるものにはネガティブな感情を本能的に持つようにできています。初めて見る食べ物や飲み物はもちろん、初対面の相手に緊張するのも当然です。ましてや自分に危害を加えていると感じれば、苦手な人や嫌いな人が現れるのもごく自然なこと。ネガティブな感情のおかげで、自分の命を守れているということですね。ご自身の中に起こるネガティブな感情そのものを嫌わないでほしいのです。

ただ、その「嫌い」という感情を相手に感情任せにぶつけたり、誰彼構わず他人の悪口や陰口を言っていいわけではありません。当たり前のことですが、ネガティブな発言や他人の陰口をよくしている人が好かれて信頼されるはずがありませんよね。

私がお伝えしたいのは「嫌い」というネガティブな感情そのものは悪くないので、ビジネスパーソンとしての正しい表現方法と向き合い方を知ってほしいということ。

あなたが最近嫌いだと感じた時はどのような時でしょうか？

自分の中に「嫌い」という感情が芽生えた時、それはご自身の中にある何かしらの正義や大事にしている部分に触れた時です。自分が大切にしている価値観を否定されたり、無下にされたり……。自分の精神的に未熟な部分に気づかされたり、本心ではそう思っているのに我慢して取り繕っている部分であったりしませんか？ そこと真剣に向き合うのは苦しいので、つい「嫌い」という感情に逃げてしまいたくなるのです。

でも、裏を返せば「嫌い」という、一見ネガティブに思える感情から得られるものは非常に多いです。誰か、もしくは何かに不快感や嫌悪感を抱くこと自体はまったく悪くないのです。むしろ自分と真剣に向き合い、自分自身を知る上ではとても大事なこと。「好き」という感情以上に「嫌い」の感情から学べることは多いかもしれません。

この嫌悪感は私のどのような価値観から生まれているのだろう、と捉えることが大切です。

その上で〝信頼できる人〟に愚痴を言うのであれば、相手はあなたをネガティブな人間だと軽蔑することはありません。伝える相手も必ず選んでください。あなたと関わりの少ない人や信頼関係が構築されていない人に愚痴を言えば、やはり誤解する人もいるでしょう。そして、伝える時はただ「嫌い」という感情を爆発させるのではなく、「この嫌いという気持ちは私のこういう価値観から生まれているみたい」と自分に矢印を向けてみましょう。ネガティブな感情は伝える相手と伝え方さえ間違えなければ、自己理解も深まり、精神的な成長も遂げられます。他者とも本心、本音で語り合えるような仲を築くこともできますよ。

私もそれを理解し、実行するようになってからは〝ただのネガティブな人〟〝愚痴っぽい人〟との関わりが一切なくなりました。自分自身がただのネガティブで卑屈な人になれば、当然周りもそんな人が集まります。逆に「嫌い」というネガティブな感情をひたすら我慢して、向き合わずに逃げてしまうと自分も辛く、本音で付き合える人もできず余計に苦しくなります。

ぜひネガティブな感情は、まず「嫌い」という表現から挑戦してみてください。身近にいる人への「嫌い」がハードルが高いようであれば、Twitter や Youtube、テレビなどでご自身が苦手だな、嫌いだなと思う人を見つけてみてください。その本人にそれを伝えるのではなく、自分の何がそう思わせているのかを自己分析し、周りに話してみることをおすすめします。ここでもオンラインの世界をうまく活用し、リアルに活かしていきましょう。ネガティブな感情を持つ自分のことは責めずに、うまく付き合えるようになってくださいね。

POINT

18 「プチ自虐」と「プチ自慢」を準備する

マウントにならない、相手を困惑させない自己開示

　ここでは初対面の相手に対して自己開示する際、心がけると良いエピソードについてお話しします。繰り返しますが、自己開示の目的は相手にマウントを張ることではありません。リアルでのやりとりが減ってしまう分、いかに初対面から少しでも自然に打ち解け、この人は安心できる人だと思ってもらえるかがポイントです。マウントを張るのは問題外ですが、一方的に自己開示をしすぎても相手を困惑させてしまいます。

　そこで、あなたに準備しておいてほしいエピソードの種類が二つ。

一つ目は「〝相手が共感しやすい〟プチ自虐」、二つ目は「〝相手が素直に褒めやすい〟プチ自慢」です。

一つ目は意識されている人も多そうですが、二つ目は少し意外と思った方がいるのではないでしょうか？　よく見ていただくと、どちらも**〝相手が〟と主語が相手であること**がポイントです。

一つ目に挙げた「〝相手が共感しやすい〟プチ自虐」から触れていきます。

ここでは初対面の相手を想定しています。相手はあなたのことをよく知らないのに、いきなり重たすぎる自虐ネタやしくじりエピソードを話されても反応しづらいのです。素直にゲラゲラ笑っても良いものなのか正直わからず、かえって気を遣わせてしまうのです。私のような人前で話す機会が多い人にもありがちですが、自己開示に慣れているとつい自虐ネタをしすぎて、相手から「ちょっと何と言っていいかわかりませんけど……」と困らせてしまうことがあります。

自虐ネタといっても相手に気を遣わせすぎず、クスッと笑えたり、共感しやすいものがベストです。

最近勘違いしてしまった軽いエピソード、不得意なことや苦手な食べ物、ご家族との日常的なやりとりなど。意識してほしいのは初対面の相手が「あ〜わかります！」と気軽に笑顔で共感のあいづちができることです。

コミュニケーションには正解はなく、相手にもよるので、はっきりとした線引きは難しいです。いわゆるパーソナルスペースを犯す危険性のある話題や、この人と仲良くなるのが不安になるレベルの内容は避けたほうが良いでしょう。私が実際に経験したもので言えば、複雑な家庭環境や婚姻歴、病気、身近な人の悪口になりうるものといったところでしょうか。仲が良ければなんとも思わないことも、初対面で仕事のやりとりであればより反応に困ってしまいます。

相手の不安を取り去るどころか、かえって気を遣わせるような自分勝手な自己開示はとても危険です。相手によっては、そのレベルの自己開示を相手にも強要させているようにも捉えられてしまうので気をつけてくださいね。**オンライン上ではリアルよりも突っ込みづらいことも理解しておきましょう。**

そして、二つ目に挙げた「〝素直に褒めやすい〟プチ自慢」についても触れます。

自己開示の目的はマウントを張るのではない、相手に承認してもらうのではないとさんざんお伝えしてきました。それなのに、なぜ自慢して良いと言っているのでしょうか。

ここでのポイントは、あなたがちょっとした自慢エピソードを話すことにより〝相手からのプチ自慢も歓迎ですよ！〟と、本音で打ち解けたいという空気を作ることです。私が好感を持ったものですと、ご自身のふるさと自慢やご家族の自慢、子どもの頃のちょっとした武勇伝などでした。大切なポイントは相手が素直に褒めやすいことであり、相手に対して、「自分を大きく見せるため（＝相手を下に見ている）の自慢」ではないことです。言い始める時に「最近のちょっと嬉しかったことをお話ししても良いですか？」なんて愛嬌たっぷりに話すのもおすすめです。

プチ自虐とプチ自慢の両方のエピソードがあるからこそ「この人は本音で自分と接してくれている」「裏表がなさそうな人だな」と思えて安心できます。

オンラインで初対面となると、リアルの時以上に相手との距離を縮めることは難しくなります。また、一方的に長々とエピソードを語るわけにもいきませんよね。自虐ネタも自慢ネタも、内容的にも時間的にもプチであることを意識しましょう。

ちょっと人には言いづらかったことをお互いに無理なく開示することで、自然と距離を縮めることができます。相手を困らせるような自分本位な自己開示ではなく、相手と良い関係を築くための自己開示を心がけてみてくださいね。

POINT

19 自己開示で「しくじりエピソード」は危険

相手にプラスの影響力があるかどうか？

自己開示というと〝しくじりエピソード〟を連想する人が多いでしょうか？　実際に『しくじり先生 俺みたいになるな!!』（テレビ朝日）という人気番組もありますよね。毎回ゲストが自分の失敗や挫折経験をさらけ出し、そこからの学びをしくじり先生として生徒役ゲストや視聴者に授業をする番組です。私も好きな番組なのでよく観ています。

元々はそんなによく知らなかったゲストでも一気に話に引き込まれ、番組が終わる頃にはすっかりファンになってしまう感覚がよくあります。あなたにも似たような経験があるのではないでしょうか？　「今は成功していてキラキラ輝いている人も、過去にはこんな失敗をしたことがあるんだ」「自分らしく自信満々に生きているように見える人でも、自分に自信のない時期もあったんだな」と親近感が湧き、勇気づけられるような気持ちになりますよね。まさにこれが自己開示によるポジティブな効果であると実感します。

しかし、ここには一つ落とし穴があります。自分の失敗や挫折といったしくじりエピソードをただ話すだけでは、相手があなたのファンになってくれるとは限りません。自己開示の一つとして、しくじりエピソードを語る時には注意点があります。

しくじり先生の例でもわかるように、自己開示としてのしくじりエピソードは相手にとって〝プラスの影響力〟となることが大切です。**自己開示をされた側にとって親近感や信頼感を持てたり、自分もがんばろうと勇気づけられることに意味があります。**

家族や友人相手なら話は別ですが、その失敗や挫折の真っ只中での自己開示は相手にとってプラスの影響力にはなるとは限りません。今は乗り越えて幸せな姿だからこそ、過去のしくじりエピソードはプラスの意味を持つのです。自己開示をすることで相手が暗い気持ちになってしまったり、不快な気持ちになっては本末転倒です。しくじり先生でも今もなお、しくじりの真っ只中なゲストは基本的に観たことがありませんよね。

仕事柄、多くのリーダーと呼ばれる人たちに出会ってきました。相手から信頼してもらうためには、自らの自己開示が大切であるということを知っている人は非常に多くいます。しかし、その自己開示が相手に対してプラスの影響力になっているのか、マイナスの影響力になっているのかを冷静に判断できていない人がいるのも事実です。

しくじりエピソードというのは、一度は谷底に落ちているものの、そこと真正面から向き合い、今ではまた山を這い上がっているから安心して話を聞くことができるのです。話にプラスのエネルギーも宿るし、聞いている人からの承認や賞賛も求めることはありません。聞いている人からすれば、学びにもなり参考にもなります。

今がまだ思いきり谷底の渦中の場合は、自分との向き合い途中です。無意識のうちに相手からの承認を執拗に求めてしまったり、ネガティブな言葉も増えてしまい、聞いている方は正直良い気持ちはしません。信頼できる家族や友人に相談することはもちろん結構ですが、自己開示を目的としたしくじりエピソードの利用は危険であることを覚えておいてください。

稀によっぽど突き抜けたカリスマ性のある人の場合には、渦中の悩みや課題をさらけ出しても、あまり大きな影響がなかったり、かえって人間味になることもあるかもしれません。しかし、基本的には現在進行形のしくじりエピソードは関係構築のできていない相手にはマイナスの影響力を及ぼす危険があります。自戒も込めてここに記しておきます。

特にオンラインともなると表現方法も限られてしまうので、正しい温度感では伝わらず、よりネガティブに聞こえてしまうこともあります。

改めてご自身の自己開示は相手にプラスマイナスのどちらの影響力を及ぼす可能性があるのか、冷静に向き合ってほしいと思います。あなたの周りでも自己開示がプラスになっている人、マイナスになっている人をよく観察して分析してみてください。自己開示することの本来の意味を忘れないでくださいね。

POINT

20 「わからない」「知らない」「できない」をはっきり言う

オンライン時代のその場しのぎは命取りになる

オンラインでのやりとりが増えた今、これまで以上に自己開示できることが求められています。はじめにも触れましたが、私たちがオフラインコミュニケーションでは当たり前のようにしていた「察する」ことが難しくなりました。オンラインコミュニケーションを中心としていく中で、相手の本心が見えないというのは非常にストレスを感じます。

実際にあなたも仕事でもプライベートでも、相手がどう思っているのか、相手が理解しているのかがわからなくてイライラしてしまったことはないでしょうか？ 対面ならある程度、察することも相手に確認することも簡単にできます。オンラインになるとすでにそれ以外のことにも気を遣うので余裕がなくなってしまうのですね。

そのような意味でも、これからはより直線的なコミュニケーションが求められます。**具体的には「わからない」「知らない」「できない」ことは嘘つかずに正直に伝えるということです。**その上で素直に「教えてください」と相手にお願いできるような素直さも持てればベストです。特にビジネスにおいてはこれらの言葉がはっきり言えなければ、今後は命取りになってきます。

オンラインコミュニケーションというのは良くも悪くも便利であるがゆえに、相手の本音がわかるほど深く関わることができません。いったんはその場しのぎができてしまいます。しかし、結局は後々に大きなミスやトラブルにつながってしまうことが大いにあり得ます。

これまでの私たちのコミュニケーションは「わからない」「知らない」「できない」「教えてください」と言うのはとても勇気のいるものでした。若い人たちのこのようなストレートな表現に、一定以上の年齢の人たちは「これだから最近の若者は……」と呆れていたでしょう。これからは違います。もう察することに頼る時代は終わり、自分の本音を我慢することは誰の幸せも生まなくなります。

もちろん好き勝手になんでも素直に言えば良いと言っているわけでは決してありません。自分で考えることや学ぶことから逃げていいと言っているわけでもありません。上から目線な言い方であったり、何も自分に落ち度がないという態度では困ります。ビジネスパーソンとして自分で考え行動する姿勢そのものは変わらず大事なのです。**あくまでオンラインでのコミュニケーションと考えた時に、相手の不要なストレスをこれ以上増やさないためにストレートな表現が必要だと伝わるでしょうか。**

自己開示というのはこのように、これまでは言いにくかった自分の本音や本心を素直に伝えることでもあります。自分にできることをし尽くした上で、素直に正直に表現できることが「好かれて信頼される」ビジネスパーソンへの近道なのです。気遣いや察する文化で育ってきた私たち日本人には、苦手と感じる人も多いかもしれません。この本を読んでくださっているあなたには、無駄なストレスを感じてほしくないのです。少しずつ自ら自己開示をし、表現できる人を目指していきましょう。

POINT

21 人として最低限押さえたい2つの感情表現

人の印象は基本的な部分で決まってしまう

あなたはどのような時にオンラインコミュニケーションの難しさを感じますか？自分の意見を主張したい時、断りたい時、反論したい時など。オンラインではオフライン以上に表現が難しいと思われている場面が多々あります。実際に私もそのような場面での効果的な伝え方について質問をいただく機会も増えました。この本ではそれらの場面についても触れますが、もっとそれよりも前に大切なことがあると最近感じています。

挨拶はもちろんのこと、相手に「感謝」や「謝罪」を誠心誠意伝えられているでしょうか？オンラインは気軽にやりとりができる分、コミュニケーションの本質を理解して行動できている人とできていない人の差が顕著に出ます。必要最低限のやりとりで済むというのは確かにオンラインのメリットですが、ちょっとしたことでも感謝や謝罪をすることは人として必要最低限ではないかと思うのです。

コミュニケーションとは「ココロ」を「カタチ」にすることだとこれまで何度もお伝えしてきました。オンラインのコミュニケーションが増えたことにより、これまで以上に言葉にできることや態度に表せることが何より武器になってきます。つい私たちは応用スキルや新しい知識に頭が行きがちですが、まずは自分が基本的なことが本当にできているのか見直すタイミングにしてほしいと思います。

今後はオンラインのやりとりの中であなたの印象が決まっていきます。対面でのやりとりが基本であったビフォーコロナよりも、印象の良い人と悪い人の差が確実に開いていています。外見の印象は別の項目で取り上げるとして、**言葉から受ける印象の違いは意外に基本的な部分で結構決まってしまいます。**自分の意見を主張したり、相手に反論する応用コミュニケーションよりも前に、挨拶や感謝、謝罪などが丁寧にできる人を目指していきましょう。それができればはじめの時点で人としての信頼感が上がり、その後に主張や反論をしたくなった時にも正しい温度感で相手に伝わります。

対面の時以上にしっかりと笑顔で通る声で「おはようございます！」「おつかれさまです！」からスタートする。どんなに小さなことでも感謝を伝えたいことがあれば、相手に「〇〇さん、△△の件、対応いただいてありがとうございました！」とはっきり伝える。できれば相手の名前や感謝したい出来事や理由も添えて伝えられると、より感謝の「ココロ」が「カタチ」になって相手に伝わりますね。

謝罪も同様です。申し訳ないと思ったことがあれば、うやむやにするのではなく「△△の件、失念してしまい申し訳ございませんでした。今後は繰り返さないよう□□をして気をつけます」と誠意を持って謝罪しましょう。ただやっつけ仕事のように謝るのではなく、何に反省しているのかがわかるよう今後の対策についても伝えられるとより良いです。仕事に関わらず、プライベートなやりとりでも「〇〇さん、△△の件ごめんなさい」と言葉にして伝えるようにしましょう。オンラインに限ったことではないですが、いきなり謝罪に入りにくいのであれば「〇〇さんに謝らなければいけないことがあります」と前置きしてからでも良いと思います。

どこまでいっても「型があるから型破り。型がなければただの形無し。」なのです。どんなにオンラインコミュニケーションに慣れていても、相手の存在はバーチャルではなく生身の人間です。**人としてどうなんだろうという部分が出てくると、それ以上の関係に進まず、挽回するのが難しいのがオンラインの恐ろしさです。**まずは人として最も大事なことを表現できるところから始めたいですね。

第2章

ひと目で好かれる・信頼される、印象をよくする話し方

印象力（視覚）

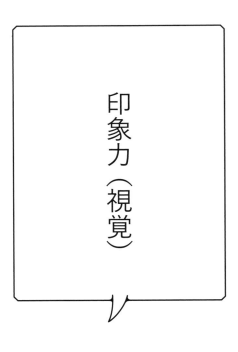

POINT

22 オンラインの初対面では「印象力」が9割

ちょっとしたことでファンにもアンチにもなる

オンラインツールをよく利用するようになり、これまで以上に身につけておくべきコミュニケーションスキルがいくつも出てきました。その中でも最も影響が大きいと思われるのが「印象力」ではないでしょうか？

本書のはじめでも触れたように、リアルでのコミュニケーションは五感を使って印象が決まるのに対して、オンラインでは視覚と聴覚の二感に絞られます。画面越しでのやりとりなので、かなり限られた部分であなたの印象が決まってしまいます。あなた自身もオンラインツールでのコミュニケーションをする中で、相手の印象が気になった経験があるのではないでしょうか。社内でのミーティング、付き合いの長いクライアントとの打ち合わせやプライベートなオンライン飲み会であればそこまで印象力は気にならないでしょう。

しかし、これからの時代は初対面がオンライン上であることも増えてきます。私自身はすでに初対面がオンラインであることが半数以上になってきました。回数を重ねていくうちに、印象力の重要性を痛感するようになったのです。**その人のほんの一部しか知らないのにちょっとしたことでファンになったり、逆に些細なことで不快感を抱いてしまったり。**身だしなみや人の話を聞いている時の表情といった外見に始まり、アイコンタクトや目線、言葉づかいや語尾や口癖、言葉のチョイスなど。視覚と聴覚の二感から、思っている以上に多くの情報をキャッチしています。

テレビで観る芸能人やインターネットで観ているYoutuberに対する感情と似ています。芸能人やYoutuberは直接会える前提ではなく、画面を通して知る姿がすべてですよね。画面越しに悪印象を持ってしまったら、「でもきっとリアルで会ったらもっと良い人そう」とわざわざ思い直すことはありません。

オンライン化が進むと私たちにも同じことが言えると思うのです。オンラインが初対面であれば、その印象でその後の関係がすべて決まります。その後直接会えるかどうかは保証されていません。ギャップ攻めなんていうのはこれまで以上に難しくなります。

脅すような言い方をしてしまいましたが、決して脅したいわけではありません。印象力というのは影響が最も大きいのは事実ですが、知ってさえいれば最も簡単にすぐに磨けるもの。あなたにとってすぐに武器にできるものなのです。

オンラインコミュニケーションをする中で、印象力を向上させるために必要なポイントをいくつかご紹介していきます。簡単にすぐにできるものばかりですので、気軽に試してみてくださいね。

POINT

23 オンラインでの印象が一気に変わる4つのポイント

ツールを利用する前に整えておきたいこと

印象力の中でも特にわかりやすい、パッと見た時の外見について触れます。ここでは少し準備するものが必要ですが、**コミュニケーションを取る前からオンラインでの印象が一気に簡単に変わるポイント**を４つご紹介します。

❶画面の明るさ

まず画面の明るさについてです。顔が暗いというのは表情そのものが暗くなってしまい、良い印象とはほど遠くなってしまいます。顔が暗いと血色がなく見えてしまい、性格そのものも暗く見えたり、消極的な印象にもつながります。オンラインツールによっても肌の明るさ補正などの機能にはかなり差があります。

さらにオンラインではリアルと違い、パソコンの画面を通して自分の表情が自分の視界にも嫌でも入ってきます。暗く血色のない自分の顔を見ると、さらに気分が落ちたり自信をなくしてしまうことにもつながる可能性があるので注意が必要です。

日中でも逆光になってしまったり、部屋の電気では限界があります。日中であれば窓の明るいほうを自分が向くようにセッティング。自然光に頼れない環境であれば、スタンド式の電気があれば自分の顔の前に置くなど工夫をしましょう。

もっとこだわるということでしたら、最近ではややオーソドックスになってきた補助照明となるリング式の女優ライトなどを検討することもおすすめします。そこまで高価なものにこだわる必要はありません。私自身はオンラインコミュニケーションが増えてからすぐに購入しましたが、明るさの強さも調整できたり、色味そのものを変えることもできて非常に使いやすいです。

パソコンが少し古い場合は画質も悪く、より暗く見えることもあります。無理をする必要はありませんが、外付けのカメラを用意したり、スマートフォンを外付けカメラの代わりにしたりと他にも対策はできます。

パッと見の明るさはリアルと同様に第一印象には欠かせません。顔や表情が明るく見えるかどうか、ぜひ試してみてください。

❷画面上に映る範囲の顔の大きさ

画面上に映る範囲のご自身の顔の大きさを気にしたことはありますか？　正直これに関して正解はなく、いろいろな専門家が持論を述べている印象が見受けられます。アップ目が良いという人もいれば、身振り手振りがしっかり映るように少し引き目のほうが良いという人もいます。

これも私の持論ではありますが、私自身はアップ目をおすすめしています。何度もお伝えしている通り、私はコミュニケーションとは「表現力」であると思っています。顔が遠いとパソコンやスマートフォンの画面では表情がまったく見えないのです。本人はそんなつもりはなくても、相手からすると何を考えているかわからないな、やる気がなさそうだなと無意識のうちにネガティブな印象を持ってしまいます。本能的な反応なので非常にもったいないです。

ただ、自分の顔がアップになるのを直視できないという気持ちも重々わかります。日頃なかなか経験のないことですから抵抗がありますよね。でも、よく考えてみてください。自分でさえ直視できない姿を人に見せているというほうがなんだか悲しくありませんか？　私もオンラインでのやりとりが増えると同時に、自分の顔と真正面から向き合うことが増えて初めは正直戸惑いました。それからアップに少しでも耐えられるように肌のケアやメイク、減量なども努力をするようになりました。（表情については改めて触れます）これを機に自分と向き合い、外見や表情を磨くのも良いと思います。

❸目線の高さ

続いて目線の高さについてです。通常、机にパソコンを置いた状態でオンラインツールを使用すると、どうしても視線が上から見下ろす状態になります。上から目線に見えたり、伏し目がちになり、良い印象にはなりません。対面でのコミュニケーションに置き換えれば、よりご理解いただけると思います。

目線はなるべく水平になるように気をつけてください。そのためにはパソコンの高さを変える必要があるので、何か下に置ける台などを用意する必要があります。ただ、パソコンがその台に密接してしまうと熱を持つ危険性があります。こちらも準備が必要にはなりますが、パソコンの高さや角度を変えられるパソコンスタンドもおすすめです。高さも角度も自由に調節ができるので、オンラインツールに合わせて利用することもできます。

ぜひ一度、正面を向いて画面に映る自分のことをスクリーンショット機能で撮影して、チェックしてみてくださいね。

❹ 背景の重要性

パッと見た時の外見ということで、自分自身だけでなく画面越しに見える背景も自分の印象の一部になります。可能な限りでかまいませんが、相手がミーティングに集中できないほど後ろに物が多く散らかっていたり、動いていたりというのは避けることをおすすめします。ZoomやTeamsなどはバーチャル背景という好きな画像を設定することができます。状況によってはグリーンバックという緑色の合成用の布があると、すっきり綺麗に見せることができて便利です。私自身も部屋にグリーンバックを設置していますが、仕事の時とプライベートの時でバーチャル背景の設定を変えたり、チームで背景をそろえたりと楽しんでいます。

ただオフィスにしても家にしても、場所によってはいろいろと映り込むものがあっても仕方ないと思います。背景はあなたの印象の一部になると言ったものの、ご家族やお子さんがチラッと映ったりしても微笑ましいなと誰もが思える社会になれば良いなとも本音では思っています。自分にできる範囲で最低限整えることを意識してみましょう。

POINT

24

「上半身はスーツ、下半身は部屋着」はアリかナシか

身だしなみは「ココロ」に合わせる

リモートワーク、テレワークといった仕事スタイルが増えたことで、身だしなみについてもさまざまな意見が飛び交うようになりました。「画面に映っている上半身だけスーツを着ていたけど、下半身は部屋着だった」というのも話題になりましたよね。某有名紳士服販売チェーンのショーウィンドウには、「テレワークするマネキン」という設定で上半身スーツ、下半身は下着一枚の姿もあり、SNSでは大変話題になっていました。個人的にはユーモアがあっておもしろいな、と思って見ていました。

そのような背景もあってか、「テレワーク中でも身だしなみは気をつけるべきか」という質問もよくいただくようになりました。コミュニケーションやマナーというのは

たった一つの正解は存在せず、時代と共に変化していくものです。それを踏まえた上で、ここではあくまで私個人の意見や考えを述べます。

身だしなみにも気をつけるべきか否か、と質問されたなら私は「気をつけたほうが良い」と答えます。ただ誤解していただきたくないのは、上下スーツやジャケットを必ず着用すべきと言っているわけではありません。身だしなみというのは「ココロ」を「カタチ」にするうちの「カタチ」に当たる部分です。社内での会議なのか、初対面のクライアントとの商談なのか、場面によっても、あなたの「ココロ」は変わってくるでしょう。その「ココロ」に合わせて、「カタチ」である身だしなみを整えれば良いと思っています。「家なのだからカジュアルでも構わない」と安易に決めつけるのは少し違う気がします。

仕事では報酬が支払われます。自分一人で仕事をしているのではなく、他者との関わりがあり、他者からの視線を切り離すことはできません。印象は相手が判断するものです。たかが身だしなみ、されど身だしなみ。**自分がその仕事に対して、その目の前の相手に対してどのように向き合っているのかを表現しているのだということを覚**

えておいてください。そう考えると自ずと自分にとっての答えは出るのではないでしょうか。

私自身も家の中でオンライン研修をしたり、打ち合わせをするようになってから身だしなみについては考えることも増えました。これは私の場合ですが、日頃から身だしなみというのはオンオフを分けるスイッチでもあります。ジャケット、髪型、メイク、時計、イヤリングなどオンとオフで変化させているタイプなのです。そのため、家での仕事だからとすべてをオフモードの装いにすると、なんとなくスイッチが切り替わらず仕事のスピードが落ちる気がしました。ただ、家での仕事なのにジャケットやスカートがシワになるのは嫌ですし、窮屈に感じるのも機能的ではないとも正直思い、自分の中でいくつかルールを作りました。

人と顔を合わせるオンライン研修の時にはジャケットを着用し、完全にオンモードで臨む。オンライン打ち合わせの時はジャケットを脱ぐ時もあるけれど、仕事用のオフィスカジュアル。家でデスクワークのみの際は寝間着とは違う、少しお高めのルームウェアを着用といったところでしょうか。髪型やメイクは基本的に仕事モードの日は毎日するようにしています。

このように「身だしなみそのものが本題ではない」ということは伝わったでしょうか。身だしなみを整えることによって考えることは2つ。**相手にどのような「ココロ」が伝わるのか、自分自身の仕事のスピードや効率にどのような影響があるのか、の2点です。**その2点を理解しているのであれば、画面に映らない下半身は部屋着であっても快適で機能的なのであれば良いのではと個人的には思います（下着だけというのは画面越しに相手がいる場合はさすがに避けていただきたいです）。

細かいこと、厳しいことを言うつもりはありません。身だしなみも好かれて信頼されるコミュニケーションにおいての大切な「カタチ」の一つです。本質的な問題を見失わないようにしてくださいね。

POINT

25 画面越しでも魅力的な人の共通点は「明るさ」

パッと目に飛び込んでくる情報で表現する

リアルと画面越しでは見た目の印象にも違いが出てきます。見える範囲がそもそも小さく、さらにその小さな画面の中での視覚情報で印象がほぼ決まります。

初対面がオンラインのやりとりとなれば、一瞬パッと目に飛び込んできた情報である程度の印象が決まってしまうことも多々あります。

ここでぜひ意識しておきたいキーワードはずばり「明るさ」です。画面の明るさやツールについては別項目で述べたので、ここでは髪型や服装、女性であればメイクといった身だしなみについて意識しておくポイントに触れていきます。身だしなみなので「清潔感」とも言えますが、あえてわかりやすく、**パッと見て明るい印象があるか**

どうかに重点を置いてみました。

実際にオンラインコミュニケーションを毎日のようにしたり、Youtubeを観ていくうちに「魅力的な人とはどのような印象なのか」を研究するようになりました。初対面はオンラインでのやりとりだったものの、実際に会ってみたくなった人。チャンネル登録をしてまで定期的に配信を見続けたいと思えた人。彼らに共通する点はとにかく「明るい」印象であるということでした。画面越しなのにこちらが元気をもらえるような感覚です。**本能的に安心・安全な人と感じるので、話を聞いてみたい、自然と仲良くなりたいと思えるのです。**明るく見えることのゴールはここです。

コロナ禍ということもあるのか、テレビにしてもYoutubeにしても「明るさ」や「ポジティブさ」がビフォーコロナよりも求められるようになった気がします。無意識のうちに「明るい」人に惹かれるのかもしれません。

そのパッと見た時からの「明るさ」を実際にどのような身だしなみで表現できるのか考えてみましょう。

まずは服装からですが、色味を意識しています。本来ビジネスの場では黒や濃紺といったダークカラーがマナーとされていますが、オンラインではそこまで固執しなくても良いと思っています。常識的であることはビジネスパーソンとして求められますが、私自身は顔周りがあまり暗くならないように白ジャケットなど、明るい色味をなるべく上半身に持ってくるようにしています。ジャケットがダークカラーなのであれば、中に見えるインナーは白など明るいインナーにするように心がけています。一人でオンラインツールを使って、顔周りが明るく映るかチェックして服を選ぶのも良いと思います。

そして、髪型に関してですが髪色を明るくしようと言っているわけではありません。髪型に関しては清潔感といったほうがわかりやすいかもしれませんね。リアルなコミュニケーションでも同じことですが、顔周りに髪がかかっているとどうしても見える肌面積が小さくなるので暗く見えます。モニター越しとなれば尚更です。前髪やサイドの髪のボリューム、もみあげなどの顔周りには注意が必要です。肌色の面積が増えるよう、意識してセットしておきましょう。

最後に女性のメイクについてです。細かく専門的なことをお伝えすることはしませんが、キーワードは「血色のある明るさ」です。私もいくつかオンラインツールを試しましたが、Zoom以外はなかなか肌補正までしてくれません。自分自身でまずスキンケアやベースメイクで明るい肌トーンを目指しましょう。画面越しなのでテカリに見えないよう、艶メイクよりもマットなメイクが推奨されていますが、人によっては艶メイクのほうが明るく見えるのであればそれでも問題ありません。

画面越しだと色が飛んでしまいがちなので、眉を普段よりもしっかり描くこと。アイシャドウやリップも暗めやヌーディーになるものよりも、色味が出るものを意識して選んでください。

私も家で一人オンラインミーティングを何度か開催して、オンラインツールを利用しながら服やヘアメイクの練習をしました。オフラインよりも色味や血色が落ち、全体的に暗くなってしまうことを知っておいてください。画面越しでも周りをパッと明るく元気にできるような印象を心がけましょう。

POINT

26 人が話し出した途端に真顔になっていないか

人の話を聞く表情はあなたの生き様である

オンラインコミュニケーションが増えたことで、「自分の顔を画面いっぱいに見るのが辛い」と嘆く声をよく聞くようになりました。確かになかなかこれほど長時間にわたり、自分の顔を改めてアップで見る機会はありませんよね。特に女性はまだ毎日メイクやスキンケアをする時に鏡を見る習慣がありますが、男性はより抵抗を感じるかもしれません。

しかし、私はこれを一つのコミュニケーション力を向上させるチャンスだと前向きに捉えています。これまであまり気にしてこなかった、とあるものに真正面から向き合い、磨いていくチャンスです。

私たちが画面越しに見ている自分の顔で、最も長く目に入るのはどのような時の顔でしょうか？

もちろん相手の顔やカメラを見ている時間もありますが、「人の話を聞く時の自分の表情」を見るようになりました。これは無意識であることがほとんどなので「真顔」とも言えます。これまで対面でのコミュニケーションではなかなか見る機会のなかった表情です。

しかし、実は起きている時間の中で最も長く人様に見せている顔がこの「真顔」なのです。**どんなに話している時に生き生きした表情をしていても、人が話す番になった瞬間に無表情になってしまえば、その印象が相手には残ります。**

私たちは１人きりでも、２人きりでも生きていません。複数の人たちとコミュニケーションを取ることが多くあります。例えば４人で打ち合わせをしたり、ご飯を食べに行った時を想像してください。話しすぎる人は例外として、単純に計算すれば自分が話す時間は４分の１になります。残りの４分の３、言い換えれば３倍の時間は人の話を聞く時間なのです。人の話を聞く表情が大事と言われる理由はご理解いただけたでしょうか。

私たちはある時から人前で話す練習はするようになります。人前で失敗したくないと思い、練習することで「話す顔」は客観視する意識があります。それに比べて聞く練習をする機会はなかなかありません。自分の「聞く顔」を知っている人は少ないのです。

だからこそ、私は「人の話を聞く表情は、あなたのこれまでの生き様を表している」と思っています。**見たこともない、学んだこともない無意識の表情ですから、人とどう接してきたのか生き様がそのまま出てしまうのです。**

偉そうなことを言っていますが、私自身もまだまだ常に気をつけている身です。航空会社に勤めていた時、私は教育訓練インストラクターの立場を任されました。その際、まずは自分自身がお手本となることを求められ、自分の接客の様子を動画撮影してもらったことがあります。今でもその動画を見た時の衝撃を覚えています。お客様のお顔を見ている時はさすがに笑顔なのですが、予約情報などを確認しようと端末に目を向けた瞬間、ものすごく怖い無表情になるのです。そこそこ接客には自信のあった私ですが、すっかり自信をなくしてしまい、そこから常に目元と口角を意識するようになったのでした。

今でも人前で話す仕事をしているので、自分が話す時はもちろんのこと、参加者の方のお話を聞いている時こそ自分の表情を意識しています。

仕事柄、これまで多くの方たちの生き様とも言える、真顔や聞く表情を見てきました。そこで気がついたことを最後にお伝えします。

三流とは「話す表情が聞く表情より生き生きしている」人。８割〜９割近くがここに属します。

二流とは「話す表情と聞く表情に差がない」人です。１割〜２割程度といったところでしょうか。

一流とは「話す表情よりも聞く表情が生き生きしている」人です。１００名参加されている講演会場に１人いるかいないかの確率です。トップ１パーセントということです。

いわゆる経営者やリーダー層の人たちと接する機会が多くありますが、まさに一流の方にお会いした時は今でも感動します。きっと従業員の方や部下に対しても、このようにお話を聞いていらっしゃるんだなと想像がつくのです。

一流の人の割合は1パーセントと言いましたが、裏を返せば、聞く表情を磨くだけでトップ1パーセントに入ることができます。

そもそもオンラインでのやりとりは画面をオフにすれば良い、無駄なストレスをかける必要はないという声もよく聞きますが、私はそうは思いません。この変革のタイミングに自分のコミュニケーションの課題と真摯に向き合い、コミュニケーション力を向上させるきっかけにしてほしいと思っているからです。

これまでリアルなコミュニケーションではなかなか向き合う機会のなかった、自分自身の「人の話を聞く表情」を画面で確認してほしいと思います。話す表情の何倍もの時間、聞く表情を周囲に見せていることをぜひ覚えておいてくださいね。自分の生き様、これから変えていきましょう。

POINT

27

オンラインでのうなずきは「上下に・大きく・1回」

小刻みなうなずきもオーバーリアクションもNG

今度はオンラインツールを利用したコミュニケーションにおいての「リアクション」についてポイントをご紹介していきます。

モニター越しのコミュニケーションでは、対面以上にリアクションを大きくすべき、というのを聞いたことがありませんか？

これまでにも述べたようにオンラインでは五感のうちの視覚と聴覚の二感のみしか表現する手段がありません。対面の時以上に真っ先に視覚情報が相手に伝わります。

相手が「この人は自分の話を聞いてくれているな、自分の存在を認めてくれているな」、と無意識のうちに感じられるように、安心感や安全であることを示すことが大切です。その「ココロ」を「カタチ」にすることを意識してください。

自然にできるのであれば、もちろん日頃の3倍程度のリアクションは心がけたいところです。表情やあいづち、身振り手振りなど、工夫できることはいくらでもあります。

わざとらしく、不自然すぎるオーバーリアクションをする必要はまったくありません。しかし、画面に映る自分の姿がまるで静止画のようにならない程度のリアクションは心がけましょう。

そういう意味でも先ほどお伝えした、画面上でも表情が見える程度の距離にカメラを設定しておくことが大前提です。

頻度も高く、最もすぐにできるリアクションの注意点を一つご紹介します。それは〝うなずき〟です。日頃からしているような、小さくて小刻みなうなずきはオンラインではまったく相手に伝わりません。

ポイントは「上下に（縦に）大きく1回」。それを少し意識するだけで、とても自然にわかりやすいリアクションができます。「目指せ！　ワイプ芸人」なんて私はよく言っていますが、テレビ画面のワイプの中に映る芸人さんやタレントさんがお手本です。ワイプなので本編の邪魔にならない程度の自然なリアクションの大きさで、だからと言って興味がなさそうな態度もしていませんよね。ワイプはまさに声が聞こえないので、小さなワイプ画面の中の視覚的な要素だけで人柄を表現しているのです。改めてワイプ芸人さんのリアクション芸の素晴らしさを実感します。繰り返しますが、わざとらしさの残る不自然なリアクションは不要です。相手の集中力を削いでは意味がありません。

まずは簡単なうなずきの「上下に（縦に）・大きく・1回」を練習してみてください。ずいぶんと相手からの印象が変わるはずです。自然なワイプ芸人さんをぜひ研究し、技を盗んでみてくださいね。

POINT

28 マスク着用時のコミュニケーション、2つのポイント

マスク必須の業界で学んだこと

今ではすっかり顔の一部になり、おしゃれアイテムの一つにまでなっている「マスク」。

人とコミュニケーションをする上でも欠かせないアイテムになりました。

しかし、マスクの着用機会が増えたことで「表情が見えにくい」「声が届きにくい」といったコミュニケーションの問題が出てきているのも事実。ここではマスク着用時のコミュニケーションのポイントをお伝えします。マスクをしていても、していない時と同様に「好かれて信頼される」印象をどのように作れるのかを考えていきましょう。

ポイントは大きく分けて、「表情」と「発声」の二つあります。

まずは「表情」から考えていきます。なぜマスクをしていると表情が見えにくいと思うのでしょうか。そうです、口元が隠れてしまうからです。

諸説ありますが、私たちは表情を作るポイントが三つあると言われています。「目元」「口角」「眉」の三つです。そのうちの一つでもある口角がマスクによって隠れてしまいます。その状況で笑顔や表情を豊かに表現するには目元と眉の表現力が問われます。

口角というのは、食事も含めて口周りの筋肉は比較的動かしているので、上がりやすい人が多いです。**それに比べて、目元や眉の近くの筋肉は日頃から鍛えていないと固まってしまいやすいのです。**目元が笑ってない人が多く、表情が読み取れないと感じるのも無理ありません。

いつも笑顔である必要は正直ないと思っています。ただ、表情が読み取れないというのは感情が読み取れず、人としての距離感が縮まらないことに直結してしまいます。笑う時はしっかり目尻を下げて笑顔、困った時は眉尻を下げて困り顔など、目元や眉だけで表情豊かであることを意識してください。ちなみに笑顔は口角が見えない代わりに、その上にある頬肉が自然と上がることで、下まぶたがぷくっと膨れるのが見えます。一度、マスクをした状態で自分の目元や眉、下まぶたがどのくらい動くかチェックしてみてくださいね。

目元や眉まわりの眼輪筋と呼ばれるところや、頬周りにある大頬骨筋、小頬骨筋を普段から動かすトレーニングをおすすめします。表情筋トレーニングは調べればたくさん出てきます。ぜひ自分にできそうなものを選んで日課にしてみてください。

ビフォーコロナでも病院や介護施設、ネイルサロンやまつげエクステサロンなどマスク着用必須であった業界業種の接遇研修をしてまいりました。そこでもお伝えしてきたことですが、マスクをしていても表情があり、表情が読み取れることが好かれて信頼されるコミュニケーションの第一歩なのです。

続いて二つ目のポイントは「発声」です。どうしてもマスク越しでは声が籠もってしまいますよね。また、飛沫感染を避ける意味でも大声を出すのもご法度。プロの方からすればたくさんコツがあると思いますが、私自身が意識していることは「腹式発声」のみです。マスクに限ったことではありませんが、**胸式発声ではなく、腹式発声であれば大きな声を出さなくても声が通るようになります。**その上で口を普段よりも大きく動かしてはっきり発音すれば、声が届かないということはなくなります。

こちらもトレーニング方法はたくさんありますが、寝た状態で下腹部に空気を取り込み、力を入れたまま吐き出すのが最も実感しやすいと思います。

腹式発声ができるようになると、落ち着いた、自信のある印象にもなります。ぜひこれをきっかけにマスターしましょう。

最後にこれは余談にもなりますが、抗菌といった機能は当然重視しつつ、自分の気に入ったマスクを着用することを私個人としてはおすすめします。

マスクの存在自体に不快感があることを日々実感します。息苦しかったり、女性はメイクが落ちやすくなってしまったり、蒸れてしまって肌荒れをしたり。思っている以上のストレスがかかっています。

よほどの場合を除き、仕事には白のノーマルマスクのみが許され、柄付きの布マスクや色つきのウレタンマスクはマナー違反なんてことにならないことを願っています。

少しでも気分が上がったり、付け心地の良いマスクをしていたほうが、表情も明るくなると思いませんか？　ただでさえストレスの多い状況下で、本質的ではない部分でさらに負荷がかかるのは無意味だと思っています。ウィズコロナ時代、マスクとも上手に付き合っていきましょう。

印象力（言語）

POINT

29

言葉を崩している≠崩れている

正しい言葉づかいはあなたの「武器」

視覚、聴覚のみの限られた状況でのオンラインコミュニケーション。外見の印象と同様にオフラインの時よりも気になるのが「言葉づかい」や「口癖」です。

参加者が多く、複数人で話し合っていればそこまで気になりませんが、少人数の集まりや誰か一人の話を聞くシーンではつい気になってしまうことはありませんか？

私も参加者側であった時に、スピーカーの方の「えーと」の多さと「させていただきます」の多用に気を取られてしまった経験があります。二感のみで限られた情報量しか入ってこないため、内容よりもつい細かいことが気になったのです。私自身もスピーカー側になることの多い仕事のため、日々気をつけています。

ただ、言葉づかいや口癖を直しましょうと細かいことをお伝えしたいわけではありません。**言葉というのは「TPOに合わせて意図的に崩す」ことと、「勉強不足で無意識に崩れている」のはまったく違う**ということをご理解いただきたいのです。

文化庁の発表している『敬語の指針』に敬語を使う二つの理由が書かれているのをご存じでしょうか？

一つは「相互尊重」という、年齢や立場に関係なく、どのような相手にも尊重する気持ちを表すための考え方。

もう一つは「自己表現」という考え方です。**相手から信頼されたいと願うのなら、正しい言葉を使うことで、自分自身を信頼できる人物として表現できるという意味です。**正しい言葉づかいは自分にとって武器となり、高めてくれます。

言葉の持つ影響力を理解できている人は〝たかが言葉づかいなんて……〟とは絶対に言いません。自分の価値を下げてしまうこと、相手に失礼だと感じさせてしまう危険性を理解できているからです。

相手との関係性や状況によっては、そこまでかしこまる必要のない場合もあります。しかし、そこでも大切なことは意図的に「言葉を崩す」ことであって、無意識のうちに「言葉が崩れている」わけではないということ。本書の冒頭でもお伝えした通り、まさに『型があるから型破り。型がなければそれはただの形無し。』なのです。型があれば型を破ることができますが、そもそも型を軽視しているのであれば形無しでしかありません。同じことをしているのに、前者は相手から好かれて信頼され、後者は嫌われて信頼されないのが現実です。

残念ながら、これは日本人の弱点から来ているとも私は考えています。コミュニケーションとは表現力であるとお伝えしてきましたが、私たちは表情や声色、ジェスチャーといった言葉以外の表現力が乏しい傾向にあります。それに比べれば、言葉そのものを崩したほうが安易に相手との距離を縮められる気がしてしまうのです。

オンラインコミュニケーションでは、乱れた言葉づかいや口癖はオフラインの時よりも正直気になります。これを機に一度自分自身の言葉づかいや口癖を見直すのも良いかもしれません。せっかく良いことを話していても、関係ないことで気を取られてしまってはもったいないですよね。私も改めて気を引き締めていきたいと思います。

POINT

30 同じことを言っても印象がまるで違うのはなぜ？

無意識で使う否定的な表現に注意！

オンラインに限ったことではありませんが、ほんの少しの言葉の使い方で印象に差が出ます。ましてや情報が限られてしまうオンラインでのやりとりとなればなおさらのこと。ここでは言葉の使い方での印象の違いをご紹介します。

最近、個人的にも気になっている言葉を取り上げます。どのような違いがあるのか見比べてみてください。

❶ こちらの書類にサインがないと手続きが進められません。

❷ こちらの書類にサインしていただきますと手続きが進められます。

いかがでしょうか？

❶も❷も結局はどちらも同じことを言っているのに、まったく違う印象になるのはおわかりいただけるでしょうか。❶の言い方をされると「ちょっと面倒だな……」と無意識に感じてしまいそうです。❷の言い方であれば、こちらとしても何も引っかかることなく対応してもらえそうな印象を持ちますよね。

他にも最近ではポイントを貯めるために、スマートフォン内のアプリに会員登録が必要な場面が増えてきました。その際にスタッフの方から「こちらのアプリにご登録いただかないとポイントが貯められないんです」と言われることの多さに驚きます。

おそらく私が店員であれば「この場でアプリにご登録いただければ今日の分からポイントをお貯めすることができます！　1分程度お時間おありでしょうか？」と笑顔で伝えると思います。否定的な言い方をされると、なんだか「登録するのは億劫だな」「むしろ店員さんを待たせてしまうし、今は登録しないほうが良いのかな」と後ろ向きな気持ちになってしまいます。

悪気がないことは重々理解できます。おそらく「お客様にお手間を取らせてしまう」という、申し訳ない気持ちから来るものだと想像します。**謙虚であることは大切**

ですが、わざわざ相手の行動をストップさせるような言い回しは損してしまうことにもつながります。相手の心に何も引っかかるものがないよう、スムーズに行動を促してあげることも大事な心遣いなのです。

このように同じことを伝えていても、**肯定的な言い回しと否定的な言い回し**があります。上記の例はほんの一例であり、このような言い回しは自分自身の日頃の思考により無意識に出てきてしまいます。

誰かに指摘やアドバイスをしようとした時、「そういう言い方では人生うまくいかないよ」「そんなやり方だから結果が出ないんだよ」と否定的な言い回しになりやすい人もいます。この場合も「言い方を〇〇に変えてみたら人生うまくいくようになるかもしれないよ」「こういうやり方にしてみたら結果が出てくるよ」と肯定的な言い回しに変えることができます。

強制力が必要な時やインパクトを持たせたい時など状況によっては、否定的な言い回しが効果的なこともあります。私自身もこのような執筆でも、研修や講演をしている時にもあえて否定的な言い回しを使う時ももちろんあります。

しかし、肯定的な言い回しと否定的な言い回しがどのような印象の違いがあるのかを理解した上で自ら使い分けるのと、無意識のうちに否定的な言い回しに偏ってしまうのとでは意味が違ってくるのです。私個人としては初対面でオンラインの場では、できるだけ否定的な言い回しは使わないように気をつけています。言い回しや言葉の癖が自分の第一印象に大きく影響することを認識しているからですね。

まずはご自身がどのような言い回しであることが多いのか、日々観察してみてくださいい。その上で場面によって使い分けられるようになってくださいね。

POINT

31 オンライン特有の「間」を使いこなす

自然と話に引き込んでしまう〝間術師〟になろう

オフラインでも難しいと言われている「間」。実はオンラインでも重要な役割を持っています。

なんとなく話が上手そうに見える人と、思わず聞き入ってしまうほどの話のプロとの違い。それはずばり「間の取り方」にあります。

オンラインになると間がより目立つからか、リアル以上に間を埋めようと必死に言葉を継いでしまう印象があります。沈黙になった瞬間に誰かが話さなきゃ……という気まずい空気が流れたことはないでしょうか。

しかし、**オンラインコミュニケーションこそわかりやすい「間」が必要**なのです。

モニター越しのやりとりであるため、ただでさえ一方通行なコミュニケーションになりがち。参加者全員を巻き込むことが困難な状況です。そんな時に「間」は全体の注意を引きつけ、巻き込む効果もあります。

正直なところ、私自身もずっと「間」を入れることが苦手でした。人の話を聞く側の時には「間がなくて聞き取りづらいな」と思うのに、いざ自分が話す側になると沈黙の時間に耐えられなくなる。言葉が出てこないと思われたくない、饒舌に話していたいという小さなプライドがあったのだと思います。

今ではあることに気がついてから、以前よりは「間」を恐れなくなりました。

いきなり「間」を入れようと思っても簡単には「間」は入りません。大切なのは「間」を入れる理由を明確にしておくことです。

「間」とは何のために、誰のために存在するのでしょうか？

そうです。**「間」は目の前にいる聞き手のための時間なのです。**私が過去に勤めていたジャパネットたかたの創業者でもある髙田明氏は〝間術師〟と言われるほど、間を意識してＭＣをされていました。実際に髙田明氏は、紹介する商品の金額と、「分割手数料はジャパネット負担」というお決まりのフレーズの間には2～3秒を必ず空けて、テレビの向こう側にいるお客様に考えてもらう時間を作っていたそうです。その結果、お客様の背中を押すことになり、売り上げにも大きく影響が出たと言われています。

「間」があることで相手に考えてもらう時間や相手の心を解きほぐす時間が作れます。どんなに饒舌でもまくしたてられた印象になれば、相手は心を閉ざしてしまい、双方向のコミュニケーションは取れなくなってしまいます。

それを理解した上で自分の中で「間」を使う理由や場面をイメージしておきましょう。実際にはいくつかありますが、ここでは私が意識して使用している3つの「間」を紹介します。

❶ 強調（「ここは絶対に伝えたい！」と強調して伝えたい内容の直前に間を作る）

❷ 問いかけ（質問し、その後に相手に考えてもらうために間を作る）

❸ 整理（相手に頭の中で整理してもらう時間として間を作る）

根拠のない「間」が連発すると、文字通り「間延びした」印象になってしまいます。特にオンラインツールを使用している場合には、より間延びしていると感じやすくなるので要注意。しっかり「間」を作ることに理由や意味を持つことで、自然に効果的な「間」を作り出せるようになります。

そうは言ってもやっぱり「間を作るのは怖い！」と思ったあなたに１つアドバイス。先ほどご紹介した３つの「間」の中で、比較的抵抗なく作り出せる「間」があります。どれだと思いますか？

もしかしたら人によって違いはあるかもしれませんが、私は❷の問いかけの「間」は最もハードルが低いと感じています。❶強調と❸整理は、堂々と振る舞っていない場合は、少し言葉に詰まったような不自然な印象にもなりかねないからです。あくまで自分のところに会話のボールが残ったままの状態です。しかし、❷の問いかけの「間」であればボールがいったん相手に渡ります。こちらは落ち着いて待っていれば良いわけですね。

ぜひ❷の問いかけの「間」から意識的に作ってみてください。オンラインだと遠慮がちな空気が流れ、誰も答えてくれないかもしれません。その時はチャットツールで一人一人にまず書き込んでもらうのも良いと思います。

幸い今ではテレビに限らず、Youtubeやインターネットでいくらでも話の上手な人の研究ができます。人によって〝間術〟はさまざまですが、引き込まれるスピーカーには必ず絶妙な「間」が存在します。私も引き続き、研究していこうと思います。

POINT

32

あいづちを打っても「話を聞いていない」と思われる理由

あいづち＋αを意識する

オンラインツールを使ったやりとりでは、リアルに比べて非常に限られた情報によって印象が決まります。画面越しでのコミュニケーションは、ある意味お互いに冷静になるため、無意識のうちに相手の感じの善し悪しを厳しく評価してしまいやすいと言われます。オンラインなのだから仕方ないと寛容になれれば良いのですが、これは生き物として無意識に感じ取ってしまうものなのでなかなかに難しい問題です。

リアルでもオンラインでも印象の良い人に共通するポイントとして、あいづちのバリエーションが豊かであることが挙げられます。あいづちをしているのに「話を聞いていないな」と思われてしまうのは避けたいですよね。あいづちがないのは論外ですが、ワンパターンのあいづちでは印象力は残念ながら高くはなりません。

特に視覚と聴覚のみのオンラインコミュニケーションでは、一瞬で目に入ってきたものや耳に入ってきたものの印象が命取りです。限られた環境の中で、あいづちというのは頻度も高く重要な役割を果たしてくれます。

あなたは日頃、何種類くらいあいづちを使い分けられているでしょうか？

使い分けていないと思った方は、自分がどのようなあいづちが多いか想像がつくでしょうか？「はい」「えぇ」「へぇ〜」あたりを連呼する人が多い印象ですが、同じあいづちをひたすら繰り返すのは危険なのです。

そもそもあいづちとは相手に対する「興味」「関心」「共感」といった「ココロ」を「カタチ」にするもの。**あいづちをすることはそのための手段であって、目的そのものではないことを理解しておく必要があります。**「はい、はい、はい……」と同じあいづちの繰り返しでは「無関心」や「返す言葉に困っている」という「ココロ」が伝わってしまう可能性があります。状況によって、複数のあいづちを使い分けることをおすすめします。

気の利いたセリフや上手な返しは訓練が必要ですが、あいづちであればある程度種類も決まっているので組み合わせれば良いだけなのでご安心ください。

例えば、「興味」や「関心」を表現したい場合に多いあいづちは「へぇ〜」「ふーん」「なるほど〜」あたりが考えられます。それだけでも十分な時もありますが、状況を見て次のような言葉も付け加えてみましょう。

「へぇ〜そうなんですね。知らなかったです！」

「へぇ〜そうなんですね。初めて伺いました！」

というようなフレーズです。

もし、相手が目上の方であったり、敬意を表したい時には「大変勉強になりました」や「〇〇さんのおかげで良いことをお聞きしました！」と加えても好印象です。

相手への関心を「カタチ」にするのであれば、「あなたのおかげ」という感謝の気持ちや「あなたに教えていただけて良かった」という喜びの気持ちまで伝えたほうが、より相手には「ココロ」が伝わりますよね。

あいづちの言葉だけでなく、「はい（中）」「えぇ（低）」「へぇ（高）」なども、声の高さを変えてみるだけでも印象が変わります。

ただ、日本人は顔にしても、声にしても、表情豊かに表現することはハードルが高いと言われています。そういう意味では、言葉そのものを使い分けたり、付け加えるほうがまだ簡単かもしれませんね。

使い慣れるまでは少し大変かもしれませんが、モニター越しのコミュニケーションではこのような小さな工夫が実を結ぶはずです。ぜひあいづちからご自身の武器にしてみてください。

第3章

はっきり言っても好かれる・信頼される、上手に伝える話し方

アサーション力

POINT

33 空気を読むよりも大切な「アサーション力」

察し合い、空気を読む時代はもう終わり

オンラインとオフラインが共存する時代になり、今まで以上に「ココロ」を「カタチ」にするコミュニケーション力が必要になるとお伝えしました。しかし、私たち日本人の中には自己表現や自己主張することに抵抗を感じる人が多くいます。ここではどのような表現をするコミュニケーションを意識していけば良いのかをお話ししていきます。

アサーション（＝アサーティブコミュニケーション）という言葉は聞いたことがあるでしょうか。アサーティブというのは〝相手を尊重した上での自己主張〟を意味します。コミュニケーションに勝ち負けもないのですが、わかりやすく言えば〝ｗｉｎ

－win〟の関係を構築するコミュニケーションのことです。自己主張をすることで相手から嫌われてしまうのは誰でも避けたいですし、だからと言って自分自身が言いたいことを言えずに我慢し続けるのは苦しいですよね。その中間に位置するのがアサーティブなのです。

アサーティブコミュニケーションの位置づけをわかりやすくするため、コミュニケーションタイプを簡単に3つに分けてお話しします。

1つ目はアグレッシブコミュニケーションと呼ばれる、相手に対して攻撃的な主張をするコミュニケーションタイプ。win（自分）－lose（相手）の関係。

それに対して、2つ目はノン・アサーティブまたはパッシブコミュニケーションと呼ばれる、受け身の姿勢で自己主張をしないコミュニケーションタイプ。lose（自分）－win（相手）の関係。比較的、日本人にはこのタイプが多いと言われています。

3つ目にその2つのちょうど中間に位置するコミュニケーションタイプがアサーティブコミュニケーションなのです。相手の言いたいことを正しく理解しようとした上で、自分の言いたいことも伝えられる、まさにwin（自分）－win（相手）な関係です。

ｗｉｎ－ｌｏｓｅになっていたり、ｌｏｓｅ－ｗｉｎになっているコミュニケーションの時に、私たちはストレスを感じます。表現することは苦手なのにも関わらず、相手の気持ちを勝手に想像して「あの人に嫌われているのでは……」と自ら傷ついたり、モヤモヤして悩む人が多くいます。

リアルの時であっても他人の考えていることを勝手に察するのは難しいのですから、オンラインの世界で察することはさらに困難です。これを機に、**相手のことを理解しようとすることも、自分の伝えたいことを相手に正しく伝わるようにすることも「カタチ」として表現できる**ようにすることが重要です。

私自身もオンラインでの打ち合わせや研修をする中で、相手に正しく伝わっているのか、相手の話す内容を正しく理解できているのか不安に思うことが多々あります。

リアルでのコミュニケーション以上に、自分の言いたいことをそのまま発するのではなく、相手が正しい温度感で受け取れるような言葉のチョイスや伝え方を工夫する必要性を感じます。その逆も同じ。相手があなたに伝えていることを正しく理解するために、勇気を持って確認をしたり、聴き深めていく必要もあるのです。

察し合い、空気を読むことに頼ってきた時代はもう終わりです。不要なコミュニケーショントラブルやミスコミュニケーションを生むことがないよう、自分が話す場合も相手の話を聴く場合にも、一人一人がお互いに歩み寄ることから始めていきましょう。

相手を尊重することで結果的に自分のことも大切にできるアサーティブコミュニケーション。これを機にストレスなく自己主張ができ、他者とのコミュニケーションを今より楽しめる人が増えることを願っています。

POINT

34 はっきりものを言って嫌われる人、嫌われない人の違い

言いにくいことを上手に伝えるために

突然ですが、あなたは自分の意見を相手にはっきり伝えるのが得意ですか？
もちろん得意な人もいますが、私たち日本人は苦手と答える人のほうが多いように感じます。はっきり言ってしまったら相手に嫌われないか、傷つけてしまわないかと不安になりますよね。オンラインでのコミュニケーションが増えると「ますます相手に本音を伝えづらくなった」という声もよく聞くようになりました。

しかし、それと同時に「直接顔を合わせていないから前よりも本音を言いやすくなった」という声も聞くようになったのです。少し状況は違いますが、ＳＮＳの誹謗中傷なんかを目にすると思うことがあります。匿名であったり、非対面コミュニケー

ションになった途端、相手を傷つけるような辛辣な表現をする人たちも一部存在するのは事実です。リアルなコミュニケーションよりも、相手に対する心遣いや気配りに意識がいかなくなる人も出てくるのかもしれません。

今後オンラインでのやりとりが増えていくと、一人一人が自分の意見をはっきりと相手に伝えることが求められます。自分の言いたいことを遠慮し続けるのはさすがにストレスになってしまいます。しかし、誰かにはっきりものを言うことで傷つけてしまうことも避けたいですよね。

察し合い、空気を読む時代はもう終わり。これからは「相手のことを理解しようとすることも、自分の伝えたいことを相手に正しく伝わるようにすることも『カタチ』として表現できる」アサーティブコミュニケーションがますます重要だとお伝えしました。まず相手を尊重した上で自己主張もできる「アサーション力」は、オンラインではよりいっそう求められる力になってきます。

ここでは一度、はっきりものを言っても人から嫌われない人と、嫌われてしまう人の違いを明確にしておきたいと思います。

一言で言ってしまえば「相手に対する敬意があるかどうか」の違いです。

相手や周りに影響のない、自分自身の素直な気持ちをはっきりと表現することはまったく問題ありません。難しいのは相手に影響がある場合でしょう。相手の気持ちをまったく考えずに自分の思ったことをただぶつけるのは論外であることは、理解していただけると思います。

厄介なのは「相手のためを思ってはっきり言っただけ」というパターンです。「相手のためを思って」というのは、本当に相手に対して敬意がある場合とない場合があります。相手に敬意がある人は、相手のことをよく知らない状況で相手を否定したり、自分の意見を押しつけることは絶対にしません。相手をまずはよく観察し、相手の話を聞いて理解することから始めます。相手に対して敬意があるので、求められていないのに余計なアドバイスをすることもありません。相手にまずは質問をし、相手を理解しようとした上で求められた場合にまっすぐ伝えてくれます。

それに比べて、相手に敬意がない人というのはそのすべて逆です。はなから相手に興味がないので、相手のことを知ろうとせず自分の意見や感想ばかり押しつけてきます。誰も求めていないのに、「あなたのためを思って言った」などという迷惑極まりないお節介をしてきます。

はっきりものを言っても嫌われないためには、まずは相手を理解する姿勢を表現することから始めましょう。**相手にそもそも敬意があるのか、はっきり意見を言うことが求められているのかを自分の胸に問いかけてください。**相手のことを思って言っているのか、自分自身の欲求をただ満たしているだけなのか、言われた側にはすべて伝わっています。

私も今でこそ「桑野さんは言いにくいことを相手にどうやってうまくはっきり伝えているのですか？」と聞かれます。私の場合は自分よりも年齢の若い人だけでなく、自分よりも年齢が一回りも二回りも上の上司世代や経営者の方に向けても「耳の痛い」ことを伝えなければいけない仕事をしています。プロとしてお金をいただいて研修や講演をする以上、どんなに言いにくいことでも相手に伝えなければいけません。この書籍の執筆においても同じことが言えます。

そんな私も元々ははっきりものを伝えることは大の苦手でした。こんなことを言ったら相手は傷つくんじゃないか、嫌われてしまうのではと思っていました。

しかし、プロとして教育や人材育成の仕事をする上では「はっきり相手に意見を言う」ことが必須となりました。そんな時に大切にしているのが、先ほどお伝えした「相手に敬意を持つ」ことなのです。勝手に相手ができない、相手が間違っていると決めつけないこと。相手の言動行動をよく観察して、相手が何を大事にしているのかをまずは知ろうとする。

まさに今、執筆をしている時も読者であるあなたのことを想像し、寄り添うことを意識しています。こうしたほうが良いと上から目線で正しそうなことをアドバイスしようとすると筆が自然に止まってしまいます。それが難しいと悩んでいる人に共感し、寄り添い、何か少しでも力になりたいと心から思うと楽しく執筆ができるのです。

私がお伝えしていることはあなたにとって当たり前のことかもしれないし、綺麗事かもしれません。即効性のあるものでもないかもしれません。

でも、私は本質から逃げ、小手先のテクニックだけをあなたに伝えることは絶対にしたくないのです。本当に自分が実践し続け、周りではっきりものを言っても好かれている人たちが大切にしている本質的なメッセージをお届けしたいと思っています。

はっきり自分の意見を言うことで、自分のストレスもなくなり、より相手と深く繋がれる。オンラインをきっかけに、そんなコミュニケーションが取れる人が増えることを願っています。

POINT

35

「聴ききる」ことが後々あなたを救う

まず「話を聴いてくれる人」と印象づけよう

アサーション力というのは〝相手を尊重した上での自己主張〟であるとお伝えしました。これまでさんざんお話ししてきた「ココロ」を「カタチ」にするコミュニケーションというのは、まさにこのアサーティブなコミュニケーションの状態のことです。諸説ありますが、アサーション力を向上させるためにはいくつかのステップがあります。

❶自分にとっても相手にとってもｗｉｎ－ｗｉｎである関係を目指す。

❷自分の気持ちをいったん自分の中で言語化する。

❸相手の話をよく聴く。

❹相手を尊重した自己主張をする。

といった流れです。

相手のいるコミュニケーションですから、このステップ通りに事が進むかどうかはわかりません。注意していただきたいのは❸の相手の話をよく聴くということ。アサーションの一般的なステップはこの流れですが、オンラインコミュニケーションでは❸にある傾聴姿勢を序盤から表現していくことが非常に大切です。

もっとわかりやすくお伝えするのであれば、**「相手の話の腰を折らない」**ということです。聴き方云々の前に、まずは相手の話を途中で遮らずに最後まで聴く努力をしてみてください。海外の会議では〝カットイン〟という話の途中で上手に割り入る手法もありますが、人の話を聴かずに自分の話をしているわけでは決してありません。相手の話をよく聴いた上で自分の意見を発言する、というベースが築かれているから成り立っているのです。

オンラインでは特に「この人は自分の話をちゃんと聴いてくれる人なんだな」とま

ずは思われることが後々あなたを救います。初めから立て続けに話を遮られると、人は無意識のうちに相手に無下にされた、攻撃されたという気持ちが植え付けられてしまうのです。その後に自己主張をされると、アグレッシブな攻撃的主張だと相手は受け止めることになってしまいますよね。画面越しでは入ってくる情報が限られているので、余計にそう感じてしまうかもしれません。

話を聴く表情やあいづちなどのスキルは他の項目で詳しく述べましたが、ここではシンプルに「途中で相手の話の腰を折らない」ことを強調してお伝えしました。

自分自身が参加したオンラインセミナーで、人の話を最後まで聴かない人、人が話している途中からすでに話し出しそうな顔になっている人を何人も見かけました。私自身も自己主張の激しいタイプの人間なので日々気をつけています。人の振り見て我が振り直せ、ですね……。

完全に最後まで聴ききるというのは難しいかもしれません。まずはリアルでのコミュニケーションの時よりも、相手の話の腰を折らないように気をつけるだけでも十分です。ご自身がその後に自己主張をしやすくする意味でも、相手から「人の話を聴かない人認定」をされないように心がけましょう。初めから「話を聴いてくれる人」認定をされれば、その後に自分の意見を伝えても相手は聴く耳を持つことができます。オンラインでのアサーティブコミュニケーションの第一歩として、がんばってみてくださいね。

POINT

36

ステップ❶ win-winの関係を目指す

【アサーションの４ステップ】

❶win-winの関係を目指す。
❷自分の気持ちを自分の中で言語化する。
❸相手の話をよく聴く。
❹相手を尊重した自己主張をする。

アサーティブコミュニケーションをするには、この❶にある〝自分にとっても相手にとってもwin-win〟という考え方が根底に必要です。本来はコミュニケーションに勝ちも負けもありません。両者ともにハッピーという感覚のほうが近いですが、表現としてわかりやすいためｗｉｎ-ｗｉｎとここでは表現しますね。

コミュニケーションを取る上で、相手と長く良い関係を築きたいという気持ちがそもそもなければ成立しません。自分の意見を通すことで相手を負かしたいと思っていたり、自分さえ我慢すればこの場は丸く収まる……となってしまうと、長期的に良好な関係を築くことは困難になってしまいます。

オンライン上のやりとりではどうしてもお互いが深く関わりを持つことや本音を素直に話すことが難しくなります。一人一人がオンラインでも深く・長く・良好な人間関係を築きたいという「ココロ」を持たなければ実現できません。

これまでのように対面でのコミュニケーションが中心であれば話は別ですが、今後はオンラインで始まりオンラインに終わるコミュニケーションもあり得るでしょう。そうなった時には日頃からいかにアサーションを心がけているかによって、オンラインコミュニケーションでの苦労やストレス量が変わってくるはずです。

昨今よく聞くようになった「オンライン疲れ」「オンラインハラスメント」といった問題も、私たちがアサーションをできるようになれば本来起きない問題なのです。元から必要とされていたアサーションスキルでしたが、オンラインコミュニケーションが増えたことでさらに重要視されてきたように思います。

コミュニケーションを取る際にはまず、お互いにｗｉｎ-ｗｉｎな関係を目指し、長く良好な人間関係を築くことを最優先しましょう。その上で**「自分のｗｉｎ」「相手のｗｉｎ」「自分のｌｏｓｅ」「相手のｌｏｓｅ」の４つが存在すること**を認識し、それが何なのかを言語化していきます。

例えば、すでに忙しいのにさらに上司から仕事を頼まれ、今は断りたい場合。

自分のｗｉｎ　「今は仕事を断りたい。上司からの信頼感は保ちたい。」
相手のｗｉｎ　「お願いした仕事をすぐに引き受けてほしい。」
自分のｌｏｓｅ　「仕事を断れず、さらに多忙になる。上司からの信頼を失う。」
相手のｌｏｓｅ　「仕事を引き受けてもらえない。自分の仕事が増える。」

このようにいったん仮説を立ててみるのです。そこから自分のｗｉｎと相手の

winを両立させるためには、❸でどのように質問したら良いのか、❹でどのように自己主張をしていったら良いのかと次のステップに進んでいきます。詳しくはこの後の項目で触れます。

初めのうちは正直うまくいかないことも、時間がかかることも多々あると思います。アサーションは日々のトレーニングによって必ずできるようになります。アグレッシブ型＝win（自分）－lose（相手）の人もノン・アサーティブ型／パッシブ型＝lose（自分）－win（相手）の人も少しずつアサーティブに近づきます。

ここでのトレーニングがいずれあなたのことを人間関係のストレスから必ず解放してくれます。オンラインコミュニケーションが増えた今だからこそ、お互いにとっての〝win－win〟を真剣に目指す必要があると強く痛感しています。オンライン疲れ、オンラインハラスメントに悩む人が一人でもいなくなることを願っています。

POINT

37

ステップ❷ 自分の気持ちを自分の中で言語化する

オンラインコミュニケーションにおいてのアサーションでは、まずは「話を聴いてくれる人」と印象づけることからスタートとお伝えしました。

オンラインの特性上、どうしてもまずはその印象を持たれないと攻撃的な主張と捉えられてしまうからです。

しかし、アサーションというのは「自分も相手も大切にする自己表現」ですから、こちらの主張を我慢する必要はありません。

もう一度アサーションのステップをおさらいします。

【アサーションの4ステップ】

❶ｗｉｎ－ｗｉｎの関係を目指す。
❷自分の気持ちを自分の中で言語化する。
❸相手の話をよく聴く。
❹相手を尊重した自己主張をする。

続いて大切なのが❷の自分の気持ちをいったん自分の中で言語化することです。特に非自己主張型のノン・アサーティブ／パッシブコミュニケーションタイプの人は、日頃から自分の感情を押し殺したり、我慢することに慣れています。いざ自己主張をしようとしても、自分が今どのような感情なのかがわからなくなっていることがあります。まずは自分の正直な今の気持ちを知り、ありのまま受け止めることからスタートする必要があります。

何かしらの感情が芽生えた時に、「私は」と主語をつけて言語化してみましょう。イライラしていると感じたら、「私はイライラしている。なぜなら……だから。」と文章にして自分の素直な感情と向き合います。

同じことを頭の中で整理するだけでなく、紙に書いて整理することもおすすめします。紙に書くことでより冷静になり、自分の気持ちを俯瞰して見ることができます。書き溜めていくことで過去の自分を振り返ったり、自分の思考パターンにも気がつくこともできるので、さらに効果的なトレーニングになります。

オンラインでのやりとりでは相手と物理的な距離がある分、自分の感情と冷静に向き合うことも可能です。これはノン・アサーティブ／パッシブコミュニケーションの人だけでなく、攻撃的なアグレッシブコミュニケーションの人にもぜひ取り入れていただきたいと思います。意外と自分が言いたかったことはこういうことだったんだな、と新たな発見があるかもしれません。

子どもの頃はあんなに素直に何でも感情を表現できたのに、大人になると良い意味でも悪い意味でも自分の感情をコントロールできるようになります。しかし、コントロールすることと我慢することとは違います。

アサーティブコミュニケーションを目指すには、お互いのことを尊重しつつ、お互いが自分の気持ちを正直に素直に相手に伝える必要があるのです。そのためには、常に自分の感情や全体を俯瞰する視点も必要だということを覚えておいてください。

オンラインだからといってこの過程を面倒くさがらずに、自分が感じた気持ちをはっきりと言語化することからぜひチャレンジしてほしいと願っています。

POINT

38

ステップ❸
相手の話をよく聴く

【アサーションの4ステップ】

❶win-winの関係を目指す。
❷自分の気持ちを自分の中で言語化する。
❸相手の話をよく聴く。
❹相手を尊重した自己主張をする。

アサーションの4ステップの3つめは「相手の話をよく聴く」です。

オンラインコミュニケーションでは、まず「話を聴いてくれる人」認定をされることが大切と伝えました。ここからは本格的に「相手の話をよく聴く」という内容に触れていきます。

アサーションでは自分も相手も大切にし、お互いの違いを認め合うことが基本です。さらにその違いを素直に表現し、理解しようと歩み寄ることまでがゴールです。人は相手と自分は違う人間だと頭では重々理解できているのに、いざその違いに触れると「間違い」だと感じてアレルギー反応を起こしてしまいます。**自分のことを理解してほしいのなら、同様に相手のことも理解しようとする器が必要になってきます。**では理解しようとする姿はどのように表現すれば良いのでしょうか？

最も相手への関心や理解を示す表現が「聴く」という行為なのです。

コミュニケーションの世界でも「聴く」ことが大切だと言われることが増え、傾聴力についてもよく語られていますよね。確かに聴くこと、傾聴力は大切です。しかし、傾聴の本来の意味を理解して実践できている人をあまり見たことがありません。

傾聴力と言えば、深いうなずき、アイコンタクト、バリエーション豊かなあいづち、質問力、ミラーリング（相手の表情やしぐさをマネする）、ペーシング（相手の話にペースを合わせる）、バックトラッキング（相手の話した言葉を繰り返す）などなど。

私も別の章で触れましたが、そんなものは小手先のテクニックにすぎません。

もちろん「ココロ」を「カタチ」にすると私もさんざんお伝えしてきたので、そのようなテクニックも相手への関心や心理的距離を縮めるためには必要です。ただ、それは傾聴の本質を理解できている場合のみです。そうでなければ「よく聴いている風」なだけであって、「傾聴」している状態とは言えません。

そもそも相手の話をよく聴く目的とは何なのでしょう？

傾聴する目的とは〝目の前の相手に向き合い、相手の伝えたいことを相手の意図するそのままの枠組みで、そのままの温度で正しくキャッチするため〟だと私は思います。その傾聴姿勢があるから、相手との違いを理解しよう、歩み寄ろうとできるのです。

相手の話を聴きながら「この人が大事にしている価値観は何だろう」「私に何を伝えたいのだろう」という目線を持ち、相手の描いている世界に入ることを最も大切にしています。

あいづちやうなずきも大事ですが、時には「それってこういうことですか?」と確認をしたり、「その話もう少し詳しく聞かせていただけますか?」と深掘りすることもよくあります。

相手の伝えたいことを正しく理解しようとしているうちに、何かしら共感できるポイントが生まれるのです。もちろんお互いの価値観は異なり、完全に理解し、受け止めることは正直難しいです。それでも「この人はこういうことを大事にしているんだなぁ」と共感することで、違いを認め合い歩み寄ることができるのです。共感は同調や同感とは違います。１００パーセント理解し、同意できなくても構いません。

以前、「桑野さんはこっちが何を伝えたいのかを興味を持って理解しようとしてくれているのがよくわかる。いろいろ聞かれると不快になる相手もいるけど、桑野さんの場合は純粋に自分のことを理解しようとして聴いてくれるから安心して話せるんだよね」と言われたことがあります。自分の中で「傾聴ってこういうことなんだな」と実感できて嬉しかったのを覚えています。

戦闘モードではなく、「相手のことを知りたい！　理解し合いたい！」という「ココロ」を「カタチ」にしましょう。あなたが心から傾聴することで、相手は素直に本音を話してくれます。そして、自分の伝えたい想いを正しく理解しようとしてくれたあなたに歩み寄りたいと思ってくれるはずです。

「傾聴」とは字の通り、相手に耳と目と心を傾けること。小手先のテクニックやスキルに比べたら難しく感じるかもしれません。オンライン化が進み、便利さや効率的であることのほうが求められているのかもしれません。そんな時代だからこそ、人間ならではのアナログな血が通い合う部分を大事にしていきたいと思っています。

オンラインでもオフラインでも、目の前の相手に耳と目と心を傾けることを意識してみてくださいね。

POINT

39

ステップ❹
相手を尊重した自己主張をする

【アサーションの4ステップ】

❶ｗｉｎ－ｗｉｎの関係を目指す。
❷自分の気持ちを自分の中で言語化する。
❸相手の話をよく聴く。
❹相手を尊重した自己主張をする。

いよいよアサーションの最後のステップである「相手を尊重した自己主張をする」について考えていきます。

ここまで読み進めると、やはり❶～❸のステップがいかに重要かをご理解いただけたのではないかと思います。❶〜❸がしっかりと構築されていることにより、相手は抵抗なくあなたの主張を聴くことができます。自己主張のテクニックはいろいろと紹介されていますが、そもそも私たちに必要なのは「**自己主張を快く聴いてもらえる関係を築くこと**」です。その本質を忘れないようにしてください。

そこをご理解いただいた上で、実際にアサーショントレーニングでもよく使われる「DESC法」というものをご紹介します。本書はアサーションの専門書ではないので、あくまで一つのトレーニング法としてお読みくださいね。

DESCというのはそれぞれ「Describe」「Explain」「Specify」「Choose」の頭文字から取っています。

【D】Describe　状況や相手の行動を客観的に描写する。
【E】Explain　自分の感情や相手への共感を表現・説明する。感情的にならない。
【S】Specify　相手に望む行動、妥協案、解決策などを提案する。
【C】Choose　提案に対する相手からのYes／Noに対して新たな選択肢を示す。

という流れです。

アサーションの4ステップの❶にもあった例で考えてみましょう。
すでに忙しいのにさらに上司から仕事を頼まれ、今は断りたい場合。

【D】「実は今、明日までに終えなければいけない仕事を抱えています」
【E】「お引き受けしたい気持ちはあるのですが、今日は難しい状況です」
【S】「早くて明日の午後3時以降であれば対応できますが、よろしいでしょうか」
【C】相手がYesであれば「ありがとうございます。明日の午後から対応します」
相手がNoであれば「他に対応できる人を探してもよろしいでしょうか?」
「(他に抱えている仕事を話した上で)今頼まれた仕事のほうを優先してもよろしいですか?」

といったイメージです。
まずは、今仕事を引き受けられない理由となる客観的な状況を伝えます。

その上で引き受けられない旨を申し訳なさそうにかつはっきりと伝えます。断って終わりではなく、いつであれば引き受けられるのか代替案や解決策を提案し、上司の意向を伺いつつ判断を仰ぎます。

もしそれよりも急ぎということであれば、他の人にお願いするのか、自分が今取り組んでいる仕事よりも優先して良いのかと別の選択肢を打診しましょう。

このように会話を重ねていくことで、お互いのｗｉｎ－ｗｉｎが実現し、双方が納得のいく答えにたどりつくことができます。

もちろん、相手あってのコミュニケーションなのできれいにこの順番通り、すべてを話すことは困難でしょう。状況によっては順番が異なることや、それぞれ別に話すことも出てくると思います。

ＤＥＳＣ法で大切なのは客観性を持ち、相手の気持ちを大切にしながら自分の素直な感情を表現すること。初めは時間がかかることもありますが、トレーニングは重ねていくうちに無意識でもできるようになります。「ＤＥＳＣ」の４つをすべて実行するのは難しいので、まずは「Ｄ」から言えるようにするなど、ステップを踏んでも良いと思います。

ここまでアサーションの４ステップを学んできましたがいかがでしょうか？　なんだか難しそう、少々面倒くさいと感じた方もいるかもしれません。私も初めは「こんなの無理！」と正直思っていました。

しかし、自己主張や表現をするコミュニケーションを苦手とし、悩むことの多い日本人にはとても相性が良いと思いませんか？　元々は自己主張が苦手だったことでメンタルの病気にまでなった私だからこそ、心からそう思います。人づきあいが本当に楽になり、人間関係でのストレスが一気に減りました。

今ではリモートワークなどでオンラインコミュニケーションが増えた人たちから「上司に本音が言えなくてストレスが溜まる」「オンラインだからか相手から攻撃的な言葉を投げつけられた」という悩みもよく聞きます。このままそのストレスを抱えていたら、ただただ心が疲弊してしまいます。リモートワークやオンラインコミュニケーションは非常に便利であり、今後の私たちに必要不可欠なものです。そこでの新たな悩みや問題に振り回されていてはあまりに残念ですよね。

アサーションスキルを習得し、「相手も自分も大切にする」アサーティブコミュニケーションができるようになれば、オンラインでもオフラインでもコミュニケーションに悩む人が必ず減ります。ぜひこれを機にアサーショントレーニングに取り組むことを心からおすすめします！

言語化能力

POINT

40

ウィズコロナ時代に求められるのは「言語化能力」が高い人

真面目に働くだけでは足りない？

オンラインコミュニケーションが増えたことにより、これまでのような「察する」「察してもらう」ことに頼るコミュニケーションは終わり、「表現できる」ことが必要になったとお伝えしてきました。

コロナによってテレワークを余儀なくされたことで、その便利さや快適さを知ることとなりました。完全なるテレワーク移行は難しいものの、今後も新しい働き方として検討している企業が増えていることは明らかです。このようなテレワークが常態化していく新しいウィズコロナ・アフターコロナ時代ではどのような人材が求められ、評価されていくのでしょうか。

自己開示やアサーション力にも繋がりますが、ずばり「言語化能力」の高い人であると感じています。

日本人はどうしても察する、空気を読むコミュニケーションスタイルに慣れていることもあり、特に組織の中では表現することを苦手とする人も多いです。自己主張を苦手とする場合はアサーション力が必要になるのですが、**そもそも言いたいことやわからないことを言語化するスキルのない人も増えたように思います。**特に若年層においては、活字離れやＬＩＮＥなどにおけるスタンプの多用といった生活習慣の影響もあるのかもしれません。自分の考えていることを言語化したり、わかりやすく文章で報連相することが苦手な人も多い印象。語彙力の乏しさに悩む人も増え、一時期「語彙力」をテーマにした本がブームになった時もありました。

リモートハラスメント（リモハラ）に悩むビジネスパーソンが多いと聞きます。上司からいろいろと詮索されるのが不快である気持ちは重々理解できます。しかし、相手の様子を察することが困難な状況下においては、詮索されなくても済むように自ら言語化をして発信する必要があります。

これまでのように毎日オフィスに出社し、朝礼や会議などで顔を合わせる対面コミュニケーションであれば、相手の体調や精神的なコンディションも感じ取ることができます。直接会話を交わしていなくても、忙しさの度合いやどのような仕事に取り組んでいるのかもある程度見えてきますよね。**それに対してテレワークを中心とした働き方では、自らの発信がない限りは今どのような仕事に取り組み、何を考え悩んでいるのかも周りにはまったく伝わりません。**どんなに意欲的に仕事をしていても、その結果を相手に伝わるように形に残さない限りは「仕事をしていない」「やる気がない」とみなされてしまうのです。

直接会えれば熱意や意気込みでカバーできますが、会えない環境ではとにかくわかりやすい論理的な話し方や数字を使ったプレゼンテーションスキルに加え、言いにくいことも自分の言葉で相手に伝えることが求められます。

こちらが発信しなくても相手は理解してくれるべき、と他責になることは自分自身が結局苦しくなるので避けましょう。プライベートからでも良いので、喜怒哀楽の感情を抱いた時に自分が思ったことや感じたことをその都度、言葉にする習慣をつけてみてください。

今ではSlackやChatworkといった便利なビジネスチャットツールもたくさんあります。組織の中でも「言語化をして形に残す」「表現する」コミュニケーションをシステム化し、一人一人が自ら発信することのハードルを下げる工夫も必要になっていくでしょう。

これからは「表現する」コミュニケーションの時代。テレワークという新しい働き方が私たちにとってプラスになるように、画面越しでも〝伝わる〟言語化能力を磨いていきましょう。

POINT

41 優位感覚を知り、五感表現を使えるようになろう

話し上手になれるトレーニング法

「話がうまいなぁ」「この人の話は引き込まれるなぁ」と思う人は、その場の情景をイメージさせることが上手です。テレビで見るお笑い芸人さんやグルメリポーターさんにもよく見られるスキルですが、彼らは画面越しの相手にも伝わるような臨場感のある話し方をしています。他にも、文字情報しかないのにその世界に入り込むことができる小説にも同じスキルがふんだんに使われています。

第1章では『素直な感情を出すだけで、相手の心は動く』と述べましたが、テレビに映るグルメリポーターさんなどの仕事はただ自分の感想を表現するだけではありません。多くの視聴者に魅力を伝えるために、さまざまなアプローチから情報を提供する必要があります。

臨場感のある話し方ができる人の言葉や、読者がその世界に入り込める文章には〝五感表現〟がよく使われています。

ご存じの通り、私たちは五感（視覚、聴覚、触覚、味覚、嗅覚）を使って、情報を取り入れています。そのため、五感を使った表現を取り入れると情報がイメージしやすいということなのです。

ただ、その情報を取り入れる際にどの五感を優先的に使うかは人によってさまざま。視覚が優先される人もいれば聴覚が優先される人もいます。NLP心理学の世界では、この脳に情報を取り入れるための経路のことを〝表象システム〟と呼びます。そのシステムでは触覚・味覚・嗅覚は「体感覚」としてまとめられ、「視覚・聴覚・体感覚」の3つの経路に分類されます。人によって3つのうち、どの経路が優先的に使われているのかは異なるということなのです。

例えば、「子犬」という言葉を聞いた時に、視覚優位の人は、あの潤んだ瞳を真っ先に思い浮かべるでしょう。それに対し、聴覚優位の人というのは〝キャンキャン〟という可愛らしい鳴き声を思い出すかもしれません。そして、体感覚が優位にある人というのは、フワフワした毛並みを最初にイメージします。

このように同じ言葉でも、人によってイメージしやすいものは異なります。そのため、どのような相手にもイメージしやすい言葉を使うには、視覚・聴覚・体感覚のすべての表現方法が求められるのです。正直、相手の優位性の高い経路を見抜くことは難しいので、自分自身の優位性の高いものに偏らないようにするのがポイントです。

ちなみに私はかなりの視覚優位者であり、次に体感覚、聴覚は優位性が低いタイプです。何でもパッと見た目で判断し、パソコンを選ぶ際にもカラーやデザインから先に決めて、その中で機能性が最も高いものを選んでいます(歴代のノートパソコンはすべてレッドです)。マスクも少し値段は高くなりますが、美しい刺繍のものや、花柄デザインのものを見つけると思わず買ってしまいます。カフェで勉強する際も、音楽や人の話し声はまったく気にならないのに、前が壁になっているようなお一人様席でないと気が散ってしまいます。そのため、人前で何かを伝える時には、視覚表現だけに頼らないように、人のセリフや擬音を意識して取り入れるようにしています。

ちなみに、すぐに誰でも取り入れやすいトレーニングをご紹介します。
それはずばり「食レポ」です。

例えば美味しそうなハンバーグを目の前にした時を想定してみましょう。

◎視覚→「大人の拳一つ分のボリューム！」「あふれ出る肉汁」
◎聴覚→「鉄板の上でジュージュー焼ける音」
「有名グルメリポーターの○○さんが『今までで一番美味しい』と言ってた」
◎体感覚→「食欲をそそるジューシーな香り」「歯ごたえのある弾力」

といった感じでしょうか。

誤解のないようにお伝えしておくと、食事の時は食レポをしたほうが良いと言っているわけではありません。美味しいものは素直に「美味しい！」と御託を並べずに美味しくいただくほうが私も好きです。その方が伝わるとも他項目でも述べましたよね。

ここではあくまで五感表現を使えるようになるためのトレーニングのつもりで遊び半分に楽しんでみることをおすすめします。

このような五感表現が自然にできるようになると、いわゆるテレビで芸人さんが話している〝スべらない話〟ができるようになります。

もちろんその話そのものが面白い場合もありますが、芸人さんはつまらない話であっても人を引き込む話力があるのです。実際にテレビで見て大笑いした話を、翌日家族や友人に伝えたらまったく面白さが伝わらなかった経験はありませんか？

彼らの臨場感たっぷりの、誰もがまるで同じ場所で同じ時間にタイムスリップしたかのように引き込まれる話というのは、まさにこの五感表現が巧みに使われています。

まずは自分の口癖や生活習慣から、視覚・聴覚・体感覚のどこに優位性があるのかを分析してみてください。その上で自分の優位性の低いものを中心に表現力を磨いていきましょう。食レポやお笑い番組、小説などもぜひ参考にしてみてくださいね。

POINT

42

「スクショ」「コピペ」で語彙力は磨かれない

メモをする習慣の大切さ

言語化能力の低下の原因の一つに「メモする」という習慣が減ったことが挙げられます。前田裕二さんの『メモの魔力』(幻冬舎)という本が大ヒットしましたが、本当にメモというのは自分にとって良いことばかりなのです。

ただでさえ本を読まない人が増え、活字離れが起こっていると言われている現在。何でもスマートフォンで写真に撮れるし、インターネット上の言葉はスクリーンショットもできて、コピー&ペーストもできます。良い言葉や心に残る文章に出会えたとしても、わざわざ手書きで書き写す必要がありません。**しかし、残念ながらそのような手間を省いてしまうことで、実際は自ら語彙力を失っている可能性があるので**

す。

以前は、良い言葉や素敵な表現だと思ったことを手帳やノートに手書きで綴る習慣が当たり前のようにありました。私自身も、好きな歌の歌詞や物語をノートに書き写している子どもだったことを覚えています。学生時代には国語の授業でプロの文章を一字一句書き写す「模写」をたくさんした（させられた）記憶がありますが、大変ながらも美しい日本語を身につける機会をもらえていたんだな、と今では感謝しています。小説家を目指す人や文章力を向上させたい人は必ず模写が必要だと言われるように、自ら書き写すことで語彙力は磨かれるのです。

ただ、別に模写を勧めているわけではありません。模写はただ書き写すだけでは効果が出ないことも多く、正しい文章の選び方やコツがいくつかあります。ここではもっとシンプルに「メモする」という習慣を身につけてほしいと思っています。

何か記憶に留めておきたいと思った言葉や文章に出会った時、ノートや手帳に自ら書くということをやってみてください。**書くという行為により、脳に定着し、しっか**

りインプットされます。

ノートや手帳を手元に常に準備することが難しければ、スマートフォンなどのメモ帳機能に入力するというのでも問題ありません。コピー&ペーストではなく、自分の手で入力しているのなら効果はあります。私も電車や移動中はスマートフォンのメモ帳機能を活用しています。スマートフォンはパソコンと違って、どのような場面でも気軽に入力したり、見返すことができるのでよりおすすめです。

この本を読んでくださっているあなたは読書好きな方だと思いますが、もし本を読むのが苦手な人たちであっても、この方法であれば活字離れは避けられるのです。インターネットやSNSで見かけた好きな文章や印象に残った言葉は、しっかりメモして書き写す習慣を取り入れてみてください。その場ではスクリーンショットや写真に撮ったとしても、後からそれを見て書き写せば良いのです。

日常の生活の中でちょっとした工夫をするだけで、語彙力はいくらでも磨くことができます。ぜひ今日から習慣にしてみてください。

POINT

43 「どっちでもいい」を言わないキャンペーンをする

第一声から断定してみよう

あなたの周りには「言葉にエネルギーがあるな」と思える人はいますか？

言語化能力に優れている人の一つの特徴として、言葉にエネルギーがあるというのが挙げられます。

では、言葉にエネルギーがある人というのは具体的にはどのような人を指すのでしょうか？　いろいろな答えがあると思いますが、私は「自分の言葉で語れる人」の放つ言葉にエネルギーを感じることが多くあります。

さらに掘り下げていくと、自信を持って自分の言葉で語れる人というのは、何かしら「断定」する表現を使っています。それは決してきつい語調で相手を否定したり、上から目線で物事を決めつけたような言い回しということではありません。どのようなことに対しても第一声から「私は～が好きです／嫌いです」「私はA案に賛成です／反対です」と自分なりの明確な答えを持ち、人前で言い切ることができるという意味です。

実際には何でもかんでも白黒はっきりつける必要はなく、むしろ社会ではグレーゾーンが必要なこともあります。ただ、そのグレーゾーンも自ら考え抜いて選んだグレーゾーンなのか、自分の意見を持つことから逃げてグレーゾーンになってしまったのかでは大きく意味が違ってきます。**日々生きていて「どっちでも良いや」「何でも良いや」と思った瞬間、私たちの思考は停止し、言語化する必要性がなくなります。**結果として、言語化能力は磨かれることもなく、エネルギーのある自分の言葉は失われていってしまうのです。

子どもの頃、私たちは何に対してももっと自由に好き嫌いやYes／Noを表現していました。それが大人になるにつれて、良い意味でも悪い意味でも「嫌いじゃないけど好きじゃない」といった曖昧さを持つようになります。そのうちそれさえもなくなり、「どっちでも良い」「何でも良い」と感情が無に近づいていきます。きっと答えをはっきり表現したことで、誰かとぶつかってしまったり、誰かを傷つけた経験があるからでしょう。曖昧さを持つこと自体は悪いことではありませんが、思考力や言語化能力まで失うのはもったいないですよね。

そこで、ぜひ期間限定のお試しでも良いので、**「どっちでも良い」「なんでも良い」を言わないキャンペーン**を実施することをおすすめします。その期間だけは「好き嫌い」「Yes／No」と断定することを意識してみましょう。言語化能力を磨くための下準備というイメージですね。ビジネスシーンでは少し躊躇するということであれば、プライベートで実施してみても良いと思います。

「どっちの色が好き？」と聞かれたら、「どっちでも良い」ではなく「どちらも好きだけど、私はよりこっちが好き」と断定する。ランチを決める時、「何でもいいや」ではなく「今日はオムライスが食べたい」と決めて言い切る。それができるようになったら、ぜひ仕事の場面でも自分の答えをはっきりと断定することにチャレンジしてみましょう。

オンラインコミュニケーションでは、実際に同じ場所にいるわけではない分、グレーゾーンに逃げることができてしまいます。相手もあなたが本音を話していないことに気がつきにくいため、曖昧なコミュニケーションのままなんとなく流されてしまうこともあり得るでしょう。その場しのぎはできたとしても、後々やはり納得がいかないとモヤモヤしてしまう結果になっては意味がありません。

「第一声から断定する」習慣を心がけることで、自分の頭で考えて答えを出すスキル、出した答えを言語化するスキルの両方が身につきますよ。日常には言語化能力を鍛えられるシーンが実はたくさんあります。無駄にすることなく、エネルギーの宿った自分の言葉を大切にしてくださいね。

POINT

44

「自分には関係ない」ことこそ自分事化する

言語化能力を磨く機会は日常に溢れている

前の項目では物事に対して、「第一声から断定する」ことの重要性をお伝えしてきました。断定せずにグレーゾーンに逃げる癖がつくと、そもそも言語化する必要がなくなり、言語化能力を磨く機会も失ってしまうからです。

続いて大事になってくるのは、断定した後に自分の言葉で意見や思いを語ること。そこであなたに日頃から心がけてほしいのが、どのような出来事に対しても「自分事として捉えて、持論を言語化する」ことです。

言語化能力の高い人は常に脳内で言語化が行われています。言語化能力を高める機会をそもそも多く作っているのです。自分の身の回りで起こったことはもちろん、ニュースやドラマを見ても、インターネットやＳＮＳで誰かの価値観に触れた時も自分事に捉えています。**どのような場面に遭遇しても「自分には関係ない」とはならず、そこから何を学べるかという視点で物事を見ています。**それを続けるうちに「物事の本質」を見抜く力も身についていきます。

そう思うようになったのは、企業研修をする中での多くの参加者との出会いがきっかけでした。研修という同じ機会は与えられているものの、その学びを自分自身に１００パーセント活かせる人とそうではない人がいます。それは個人の能力の問題ではなく、何かを学んだ時に「自分事として捉える姿勢」や「自分に置き換えられる力」があるか否かが大きく影響しているように思えたのです。

もちろん講師である私が設計はするものの、自分事に捉える力のある人は自ら研修での気づきを学びに昇華させ、現場ではどのように活用していこうかと考えます。その姿勢は言語化能力を高めるだけでなく、物事の本質を見抜く力にも繋がるので「役に立たなかった」「自分には関係のない話だった」という結末にはなりません。**「自分には関係ない」と思った瞬間に人の成長は止まることを知りました。**自分自身を高め続けられる人の生きるヒントをみなさんに教えてもらった瞬間でした。

まずは日頃から一見「関係ない」と思えることにもアンテナを張り、自分事に捉えることからスタートしてみましょう。このニュースから自分は何を思うのだろう、この本からどんな学びがあるかな、と自分の気持ちと向き合います。そこで出てきた持論を言語化します。言語化能力は聞く相手がいてこそ磨かれるので、人に伝えるのはもちろんのこと、ＳＮＳを活用して発信していくのも効果的です。初めは自分のノートや手帳、スマートフォンの中だけに書き溜めていくのも良いと思います。

ちなみに私はYoutubeをよく見るのですが、好きな女性Youtuberの共通点を分析することで、自分の理想の女性像や大事にしている価値観を改めて知ることができました。若い世代に大人気のYoutuberさんのコメント欄なども研究することで、今の若い人たちはどのような人に憧れるのだろう、と価値観を分析することも日課になりました。このように自分が楽しめるものから始めてみることをおすすめします。

オンラインコミュニケーションが主流になると、良い意味でも悪い意味でもコミュニケーションの強制力が薄くなります。**「関係ない」と一度思うとそれが癖になり、ますます言語化能力を磨く機会が減ります。**人と関わる強制力が薄くなることで、自分で自分を磨く意志のある人しか成長できない世界になっていきます。言語化能力だけでなく、人間力にまで差が開いていくでしょう。

身近な話題を自分事として捉えるだけで、言語化能力だけでなく、物事の本質を見抜く力も養われていきます。ぜひこの本を読んでくださったあなたには、この時期をご自身のさらなる成長の機会にしてほしいと思います。

POINT

45 LINEやチャットでスタンプ禁止月間を作る

言葉にするのが面倒なことから逃げない

あなたはＬＩＮＥやコミュニケーションツールでスタンプをよく使用しますか？

言語化能力が低下する原因の一つに、ＬＩＮＥなどのコミュニケーションツールにおけるスタンプの多用が挙げられます。最近のスタンプは絵だけでなく、文字も入っているものも多いのでますます文字を入力する機会が減っているように感じます。

先にお伝えしておくと、個人的にはスタンプの利用自体には否定的ではありません。むしろ、感情表現を苦手とする人にはまずスタンプから気持ちを表現することを勧めるほどです。問題はスタンプを使う目的や理由にあるのであって、スタンプを使うこと自体に問題はありません。

文字を送った後にさらに感情をわかりやすく伝えるためにスタンプを添える。文章を送った後に、相手の好きなキャラクターや面白いキャラクターのスタンプをちょっとした遊び心で送る。相手が会話を終わらせようとスタンプのみを送ってきた時に、相手に合わせてスタンプのみ送信する。これらの使用方法には特に問題ないと思っています。

言語化するのが面倒だからスタンプにする。言語化できないから、とりあえずそれっぽいスタンプを送る。相手に言いにくいことだからスタンプに逃げる。このような理由からスタンプを使用し続けてしまうと、やはり言語化能力の低下に繋がるでしょう。

あくまでオプションとしての使用は便利で良いと思いますが、スタンプに甘えたり頼る使用はコミュニケーション力の低下にも繋がってしまいます。あなたのスタンプを使用する目的や理由はどのようなものでしょうか。

ＬＩＮＥなどのＳＮＳにおけるコミュニケーションツール上では確かにスタンプでのやりとりが成り立つかもしれません。しかし、実際にビジネスの場面に置き換えたらどうでしょう。リアルなコミュニケーションはもちろん、オンラインツールを使用した顔を合わせてのコミュニケーションにもスタンプ機能はありません。言語化の必要性からは逃れられないのです。スタンプにしたため気持ちはすべて言葉にしないと相手には伝わりません。スタンプで表現した表情は自分自身でできなければ、感情も伝わりません。

期間限定でも良いので、ＬＩＮＥやコミュニケーションツールでのスタンプ禁止月間（週間）を作ってみてください。

お店を選んで予約してくれた友人に「ありがとう」と一つスタンプを送りそうになるところをぐっと我慢して、「忙しいのに素敵なお店を予約してくれてありがとう！当日会えるのを楽しみにしています(^^)」と文字で送りましょう。

理想は「！」や「(^^)」がすべて「。」だったとしても、感謝や楽しみにしている気持ちが伝わる文章になっていることです。「ありがとう。」だけではあまり感情が伝わりません。「忙しいのに素敵なお店を予約してくれてありがとう。当日会えるのを楽しみにしています。」であれば前向きな気持ちは伝わってくるのではないでしょうか。

ＬＩＮＥや文字コミュニケーションは幸い時間があります。送信する前に自分で書いた文章を読み直し、**スタンプや顔文字、絵文字がなかったとしてもポジティブな感情が伝わるかどうか**をチェックしてみてください。

これはちょっと言いにくいな、言葉にするのが面倒だなと思うことほど言語化から逃げないことが大切です。本書では少しでも言葉にしやすくなるポイントをふんだんに散りばめてきたつもりです。初めから上手である必要はないので、スタンプ禁止チャレンジしてみてくださいね。

言語化能力は自ら磨こうと思わない限り、向上することはありません。しかし、実際には思っている以上に言語化能力を磨く環境は日常に溢れています。そこに気がつき愚直に毎日意識して行動している人と、していない人とでどんどん差が開いていきます。

オンラインコミュニケーションが増えた今では言語化能力のある人が評価され、結果的に仕事がしやすくなっていきます。この本を読んでくださったあなたには、ぜひそちらの人生を送ってほしいと願っています。

POINT

46 「ですます」と「思います」はどう使い分ける？

「主語」もポイントになる

オンラインのやりとりが増え、誰かの言葉づかいや語尾の癖が気になった経験はありますか？

オンラインコミュニケーションではオフラインに比べて、言葉づかいやちょっとした語尾の癖が耳障りになりやすいと言われています。理由は他の項目でもお伝えした通り、どうしても視覚と聴覚に意識が集中してしまうからです。

中でもよく耳にしたのが、語尾に「思います」が多い人のことが気になってしまうというものでした。これは私自身もドキッとすることでもあり、確かに「思います」を多用する人は気になってしまったこともあります。

最近では商品紹介をする若いYoutuberさんを見ていて、語尾が気になりました。

商品を紹介するとどうしても「～を試していきたいと思います」「～を試してほしいと思います」と「思います」が頻発してしまうようです。好感度の高いYoutuberさんでしたが、コメント欄に語尾に関する指摘がいくつか書かれているのを見たのを覚えています。しかし、数週間後には「思います」の頻発がなくなっていて、プロの底力を見た瞬間でした。

オンラインでは語尾の癖は想像以上に印象に残ります。「です ます」「思います」がそれぞれどのような印象を持たれやすいのか、ここでは解説していきます。

元々は私もそこまで語尾は気にしていませんでしたが、講師業や執筆業を仕事とするようになってからは非常に気にするようになりました。

人に何かを教えたり、アドバイスをする立場になると少なからず影響力を持ちます。「～と思います」が多いと「個人の感想を押しつけられても……」と言われ、頼りない印象を持たれることがあります。しかし「～です」と言い切ると、決めつけられたような印象になり、上から目線に感じさせてしまうのではないかと恐怖に感じることもあるのです。このように語尾一つで悩んだ時期がありました。

企業で社内講師として勤めていた頃、まさにそんな板挟みの状況が起こりました。独立した今では当たり前のことですが、当時は自分よりも年上や目上の受講者の研修が非常に苦手だったのです。役割なので仕方ないのですが、つい研修中に「ですます」と言い切ることに抵抗がありました。「そうだと思います」「こういう風に思います」という曖昧な語尾が口癖になってしまっていたのです。そうなると同じ部署の上司からは「桑野さんは自信がないの？　講師なんだから、もっと堂々と話さないとね」という指摘をもらうことになります。

私自身は相手を立てたつもりでも、何かを学びたいと思っている相手からすれば、「頼りない」「自信がなさそう」「知識が曖昧だから言い切れないのでは」と不信感が出てしまいますよね。今となっては理解できます。

ビジネスではどちらかというと、「思います」よりも「ですます」と言い切ることが推奨されています。しかし、私はあえて「思います」と「ですます」を使い分けることを意識しています。なぜなら「ですます」「〜ません」と言い切られることに抵抗を感じる人たちがいることも知っているからです。

その企業での講師をしていた時のエピソードに戻ります。その後言い切りの表現に切り替えた私に、今度は「なんだか決めつけられているように感じる」「上から目線に感じる」という受講者からの指摘をもらったのです。

もうどっちなの……と嘆きつつも、改めて「ですます」と「思います」の使い分けを考えるようになりました。

答えが一つしかないもの、これは絶対に守ってほしいと指導したり、正確さが求められている時には「ですます」と言い切る。

しかし、**答えが一つではないもの、個々の考えや価値観を尊重したい場面では、「私の意見としては〇〇だと思っています」「私はそう信じています」と、主語を「自分」にする**ように変えました。やわらかい語尾を心がけることで、相手を尊重し、相手にも選択の余地を残すことを意識しています。

使い分けができるようになると「頼りない」と言われることも、「上から目線」だと言われることもすっかりなくなりました。

「思います」という言葉を使う時には１つ注意点があります。

ただ「思います」と言うのではなく、「私はこう思います」「私はそう信じています」と主語を付けていることにお気づきでしょうか。**「思います」という言葉も「私は」と主語が加わることによって、曖昧な印象にならずに済むのです。**むしろ、強い信念や想いがあるように見えることさえあります。

自分の中で使い分けている感覚を持っていれば、語尾はどちらを使っても問題ありません。意図をしっかり持って語尾を選べば、あなたの印象がネガティブに映ることはなくなります。ぜひ、語尾にもこだわってみてください。

POINT

47

脳内で「一言で言うなら」を付けてから話し始める

話のタイトルを考えてみよう

これまで「どっちでも良い」「なんでも良い」をやめて、断定することがまず言語化能力を鍛えるきっかけになるとお話ししました。そして、断定した後には自分の言葉で意見や思いを語ることで、本質を見抜く力も鍛えられるとお伝えしました。次のステップは、その言語化したものを一言でまとめるスキルです。特に「要約する」言語化能力はオンラインだからこそ、より求められるスキルかもしれません。

ご存じの通り、オンラインではリアルの時よりも、生産性の高さや効率的なやりとりができることを求められます。画面越しのコミュニケーションではリアルの時以上に「早く本題に入ってほしい」という空気が流れていますよね。

ビジネスにおいて「結論から話す」というのは誰もが知っていることですが、オンラインではそれが必須スキルになってきます。**どのような場面においても「一言で言うなら」と脳内でタイトルを付けてから話し始めることが求められているのです。**一言で要約できるということは、同時に物事の本質を素早く捉えられることをも意味します。

オンラインでは対面コミュニケーション以上に求められるスキルが高いことを頭に入れておく必要があります。

それをビジネスの場面で発揮するためには、日頃からトレーニングを重ねることが一番の近道です。本来プライベートであれば要約して話すことが必須ではありませんが、要約せざるを得ないシーンというものがあります。

それは人に何かを教えたり、おすすめする場面です。教えたり、おすすめする時には必然的に結論、理由、詳細をすべて話すことになります。プレゼンテーションスキルで有名なＰＲＥＰ法（物事をわかりやすく簡潔に説明する手法）がそのまま使えるのです。

【P】Point（結論）「おすすめしたい枕があります」
【R】Reason（理由）「この枕を使うようになってから首や肩の凝りが治ったからです」
【E】Example（具体例）「頭・首・両肩・背中・両腕の七つの部位をサポートしてくれて、寝ている間の体の負担を軽減するために開発されたそうです」
【P】Point（結論）「だから私はこの枕をおすすめします」

という流れです。

教えたい相手やおすすめしたい相手が存在するほうが、要約する言語力は鍛えられます。ただ、いつも近くに誰かがいるとは限らないため、ＳＮＳの活用やボイスメモへの録音、ノートやスマートフォンへのメモもおすすめします。

最近読んだ本、観た映画、美味しかったお店や食べ物など、良いと思ったら誰かに教えるという設定で言語化します。

要約が苦手に感じる人は「一言で言うなら」「結論から言うと」「ポイントは◯つあります」といった、結論を示す言葉を第一声にすることから始めても良いと思います。実際に私自身も第一声を変えることから始めました。本来は整理してから言うべきですが、はじめのうちは言ってから整理するのも練習になります。

正直なところ私も言葉が多くなってしまうタイプなので、Twitterの発信やYoutubeの配信で日々トレーニングをしています。Twitterは１４０文字という文字制限があり、Youtubeはタイトルをつけてから収録する必要があるのでかなり鍛えられていきます。私もまだまだ修行中です。

他の項目でも述べたように、言語化能力は自ら鍛えようとしない限りどんどん衰えます。筋トレと同じです。ジムに行って鍛えることもできますが、結果に差が出てくるのは結局のところ毎日の習慣です。**日々の生活の中で言語化能力を鍛えられる瞬間をたくさん見つけてほしいと思います。**

ぜひ言語化能力を鍛えて、一緒にこの変革の時代を乗り越えていきましょう。

おわりに

最後までお読みいただき、ありがとうございます。

オンラインやオフラインに関わらず、コミュニケーションそのものの本質があなたに伝わったでしょうか。

正直、賛否両論があることは覚悟しています。私の考え方が綺麗事であると思う人も多くいるでしょう。もしかしたら私の意見は少数派なのかもしれません。オンラインなのにオフラインに近づけるなんて非現実だと思う人もいるでしょうし、コミュニケーション疲れが起きてしまうのではと思う人も多いと思います。それでも私はこの想いを貫いて書き上げたいと思った理由があります。

オンライン化が進むことにより、日本人の苦手としてきた「表現する」コミュニケーション力と向き合い、磨くチャンスがやってきたと私は本気で思っているからです。

本文でも触れましたが、日本人というのは長年察することや空気を読むことを得意としてきました。気遣いや心配りに優れ、世界からもおもてなしの国であると認識がされているほどです。

しかし、なぜかコミュニケーション力が高いというイメージはあまりありません。どちらかと言うとコミュニケーション力が低いとされている部分もあります。実際に私もコミュニケーションを専門に仕事をしている中で、コミュニケーションや人間関係に悩み苦しむ人たちに多く接してきました。

やはりそこには、「察する」「空気を読む」コミュニケーションは得意な人が多いのに、「表現する」コミュニケーションは苦手な人が多いことが大きく影響しているように思えるのです。気遣いや心配りができることはとても素晴らしいことですが、そこに甘えてしまうのは話が別です。子どもの頃から両親や周りの大人たちが多くのことを察してくれていたのもあり、大人になってからも〝言わなくても理解してもらえる〟と他人に察してもらうことを無意識に求めるようになります。逆に別に何も言われていないのに、〝あの人は私を嫌っている〟と勝手に察知して傷ついてしまうこともあります。

「察する」「空気を読む」コミュニケーションに頼り、「表現する」コミュニケーションから逃げてしまうと結果的に人間関係で悩む人が増え続けてしまいます。私自身も「表現する」コミュニケーションが苦手だったことで、適応障害やストレス性胃腸炎、円形脱毛症になりかけるなどさまざまな経験をしました。

昨今起こっているSNSなどの誹謗中傷による悲しい事件を見ていても思います。表現すると言っても、ただ思ったことを何でも言えば良いということではありません。「表現する」コミュニケーションを正しく学んでいないと、批判や反論ではなく、ただの誹謗中傷になってしまい人を傷つけてしまうことに繋がります。誹謗中傷をされる側も心で思っていることを素直に「表現する」こともできず、一人で悩み苦しんでしまう。もちろんこの問題はコミュニケーションの問題だけではありませんが、表現力としてのコミュニケーション力が身につけば、少しは解決できることもあるかもしれない……と思わざるを得ないのです。

オンライン化が進んできた今こそ、私たち日本人の「表現する」コミュニケーション力を磨くきっかけにしませんか？

そうすることでオンラインだけではなく、オフラインでもコミュニケーション力が向上し、人間関係やコミュニケーションで悩む人が少しでも減ることを強く願っています。オンラインコミュニケーションについての正解は一つではありませんし、今の時点では何が正解なのかも誰にもわかりません。だからこそ、一人一人がこの転機をどのように捉え、どのような選択をするのかが重要であると思っています。本書があなたにとって、ご自身の真のコミュニケーション力向上のきっかけや一助となっていれば、著者としてこれほど幸せなことはありません。

最後になりましたが、前作に引き続き、この時代に必要なテーマで企画オファーをくださったクロスメディア・パブリッシングの小早川幸一郎社長、ありがとうございました。編集をご担当くださった戸床奈津美さん、いつも私の伝えたいメッセージに共感し、あたたかいエールを送り続けてくださり、ありがとうございました。

執筆にあたり、オンラインコミュニケーションでの課題や悩みを教えてくれて、「桑野さんには本質を突いたオンラインコミュニケーション本を書いてほしい！」と応援し続けてくださった、日頃からお世話になっているみなさまやオンラインサロンメンバーのみなさん、本当にありがとうございました。

そして、自分の気持ちを表現することの大切さや、自分からも相手からも逃げずに真正面から向き合う強さという、コミュニケーションの本質を私に教えてくれた両親に心から感謝しています。本当にありがとう。

最後にこの本を手に取り、読んでくださったあなたに心から感謝を申し上げます。今後さまざまな変化が訪れても、「好かれる」「信頼される」コミュニケーション術を最大の武器にし、自分も相手も幸せにできる人生を歩まれることを心より祈っております。

【著者略歴】
桑野麻衣（くわの・まい）
1984年埼玉県生まれ。学習院大学卒業後、全日本空輸株式会社に入社。7年間で100万人を超えるお客様サービスに携わる。最重要顧客DIAMOND会員専用カウンターのサービス責任者、教育訓練インストラクターを務める。また、ANA在籍中にオリエンタルランドに出向し、ディズニーのサービスや教育を学ぶ。2013年にジャパネットたかたに転職。SNS広報担当、研修担当に従事。その後、再春館製薬所グループ企業にて接遇マナー講師として入社し、教育研修を年間200本企画、登壇後に研修講師として独立。現在は学生から経営者、新入社員からリーダー職まで幅広い層に向けたコミュニケーションやリーダーシップ等の企業研修・セミナー・講演など幅広く活動。異なる業界での大手・中堅・中小ベンチャー企業における教育担当の経験から、さまざまな参加者の心に火をつけることを得意とし、年間200本の企業研修・セミナー・講演を国内・海外にて行う。著書に『好かれる人の話し方、信頼される言葉づかい』『部下を元気にする、上司の話し方』（クロスメディア・パブリッシング）がある。

桑野麻衣オフィシャルホームページ
お問い合わせ・ご感想はこちら
https://kuwano-mai.com/

オンラインでも好《す》かれる人《ひと》・信頼《しんらい》される人《ひと》の話《はな》し方《かた》

2020年10月11日初版発行

発行　**株式会社クロスメディア・パブリッシング**
発行者　小早川幸一郎
〒151-0051　東京都渋谷区千駄ヶ谷4-20-3 東栄神宮外苑ビル
https://www.cm-publishing.co.jp
■本の内容に関するお問い合わせ先 …………………… TEL（03）5413-3140／FAX（03）5413-3141

発売　**株式会社インプレス**
〒101-0051　東京都千代田区神田神保町一丁目105番地
■乱丁本・落丁本などのお問い合わせ先 ……………… TEL（03）6837-5016／FAX（03）6837-5023
service@impress.co.jp
（受付時間　10:00～12:00、13:00～17:00　土日・祝日を除く）
※古書店で購入されたものについてはお取り替えできません
■書店／販売店のご注文窓口
株式会社インプレス　受注センター ……………………… TEL（048）449-8040／FAX（048）449-8041
株式会社インプレス　出版営業部 ……………………………………… TEL（03）6837-4635

ブックデザイン　金澤浩二（cmD）
DTP　荒好見（cmD）

印刷　株式会社文昇堂／中央精版印刷株式会社
製本　誠製本株式会社
ISBN　978-4-295-40464-4 C2034